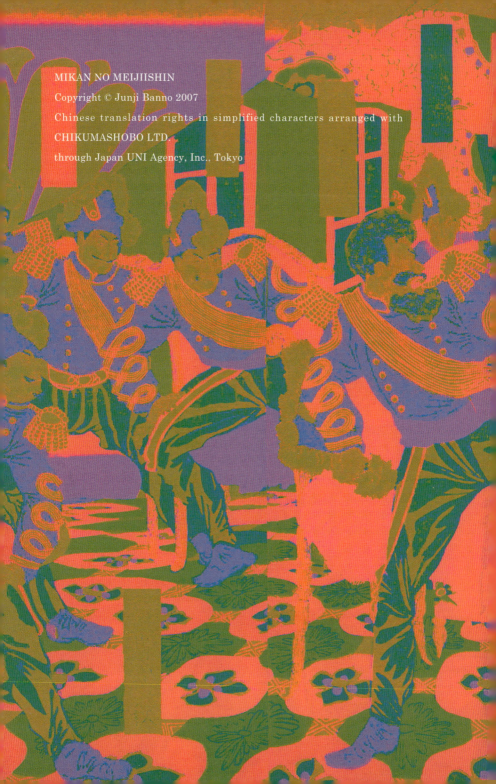

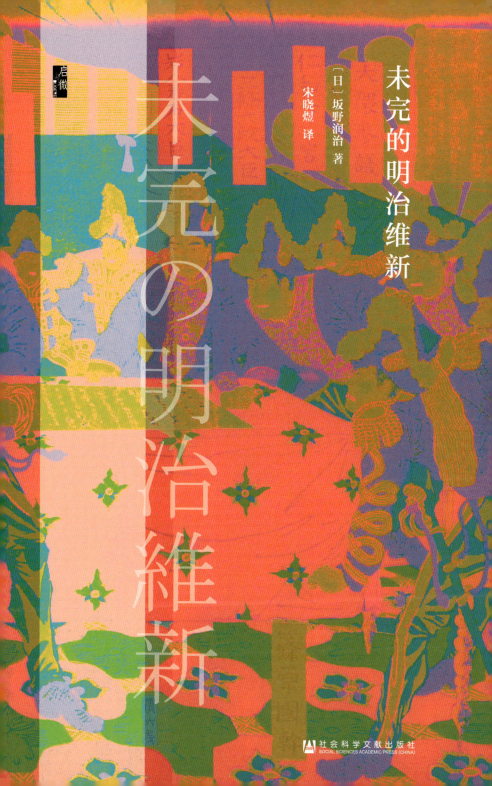

启微

〔日〕坂野润治 著

宋晓煜 译

未完的明治维新

未完の明治維新

未完的明治维新

社会科学文献出版社
SOCIAL SCIENCES ACADEMIC PRESS (CHINA)

中文版序

很高兴能够借此机会直接向中国的读者介绍我写作《未完的明治维新》这本书的动机和意图。

本书是我研究生涯的一个转折点。在此之前，我一直专注于明治、大正、战前昭和时代的研究；而在这本书中，我第一次涉足江户时代，尽管只是江户时代的末期。

德川庆喜的"大政奉还"发生于江户时代，两个月后的"王政复古"则意味着明治时代的到来。因此，我们不可把日本近代史单纯限定为明治以后的时代。

然而，两个时代的政治制度和社会结构存在着极大的差异，所以研究幕末政治史是一项非常需要勇气的决定。

是尾佐竹猛的古典名著《维新前后的立宪思想》① 促使我做出这一决定。和这本书的邂逅非常偶然，地点是在东京神田的旧书街。一见该书，我就毫不犹豫地买了下来。

虽然该书没有我期待中的那么完美，但却涵盖了日本近代史的大量史料，对于战后的研究者而言无异于一场饕餮盛宴。考虑到该书出版于 1929 年，称之为古典名著并不为过。书中有一处文字给

---

① 尾佐竹猛『維新前後に於ける立憲思想』増訂改版、邦光堂、1929。

了我极大的启发。

　　元治元年（1864），萨摩藩吉井友实给大久保利通寄去了
一封书信，部分内容如下：

　　大久保越州〔忠宽〕、横井〔小楠〕、胜海舟等皆主张：
征讨长州藩；将长州藩之罪名告诸幕府官员；举天下人才开设
公议会；有识之士亦可参会；以公论来定国是。①

　　不过，对于这封书信，尾佐竹先生只是指出幕府内的议会论还
传播到了萨摩藩，未能展开详细的分析。

　　与尾佐竹先生的时代不同，如今《大久保利通往来文书》已
经出版，我们可以从中轻松获知书信全文。吉井友实的这封书信收
录在该书第五卷，写于他和西乡隆盛拜访胜海舟之时。换言之，早
在1868年"江户无血开城"之前三年，也就是1864年的旧历九
月，西乡隆盛已经和胜海舟见过一面了。紧接着，当我发现该书第
三卷还收录了西乡隆盛写给大久保利通的书信时，不禁更加惊愕。
因为西乡隆盛在信中承认，他对初次见面的胜海舟"感佩万千"。

　　初见胜氏之时，方知对方实乃惊才绝艳之人。本欲对其敲
打一番，岂料反被此人所折服。胜氏足智多谋，深不可测，有
英雄气概。虽不如佐久间〔象山〕精干，且若论学问见识，

---

① 立教大学日本史研究会编『大久保利通関係文書』第五卷、吉川弘文館、
1971。

佐久间尤为出类拔萃，然则得逢胜先生，感佩万千。①

读完这封信，我不禁对西乡隆盛这个写信人"感佩万千"。

因为西乡隆盛是和吉井友实一同拜访的胜海舟，所以如吉井友实的信件所述，西乡隆盛应该也听到了大久保忠宽、横井小楠、胜海舟等人的议会论。尽管如此，他仍惊叹于实践家胜海舟的才能。然而当他把胜海舟和幕末海防论第一人佐久间象山进行对比时，他却认定，"且若论学问见识，佐久间尤为出类拔萃"。

吉井友实在信中提到的横井小楠不仅是议会论的倡导者，而且是幕末时期主张殖产兴业论的著名学者。殖产兴业论就是富国论。另一方面，佐久间象山指出，日本应学习西方的科学技术，建造自己的军舰。这就是赫赫有名的强兵论。再加上前文介绍的大久保忠宽等人的议会论，也就是说，早在1864年这个时间点，"富国""强兵""立宪制"这三个构想已经成为吉井友实、西乡隆盛，乃至收信人大久保利通等萨摩藩改革派共有的理念。

这三个革命目标在1864年为萨摩藩的改革者所共有，大约30年后基本得以实现。如本书尾声所述，1893年末陆奥宗光外相在议会上发表演说，心满意足地夸示着诸如对外贸易和铁路、电信、电话等基础设施的发展（"富国"的达成）、陆海军军备的完善（"强兵"的实现）、立宪制的引入等明治维新以来的众多成果。革命目标已经实现，因此我们可以把明治维新视为一场成功的近代革

---

① 立教大学日本史研究会编『大久保利通関係文書』第三卷、吉川弘文館、1968。

命，即使是在世界史上，这种成功也非常少见。

可是，当我们聚焦于革命领袖的主观意志时，却发现有不少人是在各种挫败中抱憾离世。

而且，越是在幕末时期较早阶段确立革命目标的人，越是可能感受到这种深深的挫败。

如前文所述，西乡隆盛于1864年就明确把握了这三个革命目标。当时的构想是以各"藩"的存在为前提，而改革者则是"藩"的成员。虽然这些改革构想只靠一个萨摩藩难以实现，需要其他强藩朝着共同的目标携手合作，然而这些构想从未考虑过各"藩"消亡、单一的中央集权政府横空出世的情况。那时的人们把议会想象成各藩改革领袖共同商议国家大事的场景，无论是"富国"，还是"强兵"，都以各藩财政独立为前提。他们没有考虑过让一个中央集权政府掌控全国的租税。

在这样的情况下，西乡隆盛被革命的政治力学推动，1868年一马当先、凭借武力推翻了江户幕府，接着在1871年废除了"藩"的存在。然而当"富国""强兵""议会"发展到远超1864年构想数十倍的规模时，西乡隆盛却已走上了挫败之路，在1877年那场连"大义"都算不上的叛乱中兵败自杀。

与之形成鲜明对比的是长州藩。尽管长州藩在明治维新中的贡献仅次于萨摩藩，却没在明治维新前确立近代性质的革命目标。幕末时期的长州藩高呼着"尊王攘夷""尊王倒幕"，但是这些口号并未涉及推翻幕府之后的国家构想。

可是在明治维新以后的建设过程中，这一因素反而对长州藩颇为有利。对他们而言，占据日本相当大比例的幕府领地从一开始就是明治政府的所有物。而且，不知是何缘故，中央政府的"钱包"——大藏省也被井上馨、伊藤博文等长州藩改革派掌控。也就是说，他们一开始所运营的财政体量不是长州藩 37 万石的领地，而是旧幕府的领地，相当于长州藩的 20 倍之多。对他们来说，1871 年的废藩置县不过是把财政规模扩充了数倍，与亲手实现废藩置县的萨摩藩西乡隆盛相比，他们受到的冲击要小得多。颇具象征意味的是，前文中陆奥宗光发表演说时，当时的首相正是长州阀的伊藤博文。

从这一层面上讲，本书标题中的"未完"可能不适合用在长州藩出身的政治家身上。尽管萨摩和长州是推动明治维新的两大势力，两者对于结果的满意度却颇为不同。倘若把握了这一重要线索，或许有助于读者诸君更加深入地理解明治维新。

坂野润治

2018 年 8 月

目　录

绪　言

　　1873～1877 年的明治政府对于维新事业存在较大的分歧。西乡隆盛主张"征韩论"，大久保利通主张"殖产兴业"，木户孝允主张通过制定宪法自上而下地将日本过渡到立宪制，板垣退助则主张早日设立"民选议院"。西乡隆盛、大久保利通、木户孝允、板垣退助都是明治维新时期的风云人物，图 1 将这四者的对立图示化，至于他们的具体争论则有待本书正文详细进行介绍。

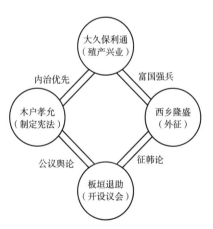

图 1　西乡隆盛、大久保利通、木户孝允、板垣退助的维新主张

　　如图 1 所示，每条线都连接着两位政治家，表示他们在政治主张上存在着合作的可能。例如，西乡隆盛和板垣退助分别是萨摩藩和土佐藩的军事领袖，萨摩藩和土佐藩又同为武装倒幕的主力，两人关系良好，在政治上都主张对东亚邻国采取强硬的外交策略。虽然图 1 显示两人的共通点是"征韩论"，但实际上他们的强硬外交策略不仅针对朝鲜，而且针对中国。

　　关于大久保利通和西乡隆盛的渊源就更不必赘言了。二人自德川幕府末期以来就率领萨摩藩实行维新。大久保的"殖产兴业论"又被称为"富国论"，西乡的外征论又被称为"强兵论"。当这两位政治家携手合作时，他们的口号就被合并为"富国强兵"。

　　众所周知，代表萨摩藩的大久保利通与代表长州藩的木户孝允相互猜忌已久。然而当外征论甚嚣尘上之时，两人却合作起来，他们共通的政治主张是史上著名的"内治优先"。

　　那么木户孝允是在何时对制定宪法产生兴趣的呢？如本书正文所示，是在明治五年（1872）初。彼时他已随岩仓使团访问欧洲达一年半之久，访欧期间，他一直在努力寻找适合日本国情的宪法范式。至于在戊辰战争①中声名鹊起的"军人"板垣退助，他成为"民选议院"提倡者的时间是在明治六年（1873）② 末，比木户

---

① 庆应四年一月到明治二年五月，新政府军与旧幕府派之间爆发内战，最终新政府军取得胜利，旧幕府体制彻底瓦解，史称"戊辰战争"。详情参见本书第二章。——译者注

② 明治五年（1872）年末，明治政府公布改历诏书，不再使用过去的"天保历"，转而使用"格里历"，即公历。明治五年十二月三日被改定为明治六年（1873）1 月 1 日。因此，本书明治六年以后的时间都改用阿拉伯数字标示。——译者注

孝允主张制定宪法晚了大约一年。

正如本书正文将要分析的那样，木户孝允和板垣退助都只是"幕末议会论"风潮的新成员。"幕末议会论"最为正统的继承者不是板垣退助，而是与板垣退助同属土佐藩的后藤象二郎。提到后藤象二郎，就不能不提及著名的《民选议院设立建白书》。该建白书提交于1874年1月，这也是本书正文将会讨论的内容。

笔者通过图1主要想阐述两点。第一，大久保利通与板垣退助之间、西乡隆盛与木户孝允之间既没有相通的政治主张，又没有良好的私人交情。图1只是揭示了本书的分析结果，详情请参见正文。第二，纵观1873～1877年明治政府内部四条路线的合纵连横，我们不禁会产生一个疑问：在这样复杂的局势下，为何倒幕运动、王政复古、废藩置县等重大举措得以顺利实施？为了解答这个疑问，笔者仔细考察了德川幕府末期的政治及政治思想，发现在这四条路线当中，"制定宪法"未曾出现于幕末政局。

如此一来，四个圆就变成了三个，具体请参见图2。与图1中的四个圆一样，图2中的三个圆仅仅揭示了本书的分析结果。但如果先解说图2后解说图1，恐怕会给读者诸君造成一种被欺骗感——只要删掉图1中的一个圆（"制定宪法"），剩下的路线就都能产生相互合作的可能性。"富国论"与"强兵论"可以组成"富国强兵"，在通过"富国强兵"实现"对等开国"（正文将详细解释该词的意思）方面，双方意见可以达成一致。同样，"议会论"的主张者可以"对等开国"为目的建立举国一致的体制，而"富

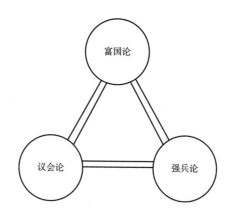

图 2　德川幕府末期的政治主张

国强兵"的主张者恰恰同样瞄准了这一体制。

如本书第一章将述，思想家佐久间象山主张"强兵论"，横井小楠主张"富国论"，幕臣大久保忠宽主张"议会论"，三者构成了图 2 中的三个圆。然而第一章的开头部分也将明确指出，西乡隆盛和大久保利通早在元治元年（1864）就已经把这三条路线理解为统一的存在。即各地藩主组成上院，藩士的指导者组成下院，通过这一举措收集全国上下的意见，并要求幕府向欧美列强"对等开国"。西乡隆盛和大久保利通都明确表达了对该路线的支持。与此同时，一直公然与幕府作对的长州藩也改变了立场，从主张"攘夷"转变为主张"对等开国"。因此，支持该路线的有力藩阀也反对幕府征讨长州藩。

三条路线虽然曾被理解为统一的存在，然而如图 3 所揭示的那样，这一组合遭遇挫折，甚至引发了后来的武装倒幕。

图3 明治维新时期对新政治体制的构想

早在"王政复古"① 发生之前，萨摩藩和幕府分别在"萨土盟约"和"大政奉还"② 中表达了对新政治体制（图3）的赞同。从

---

① "王政复古"是指通过明治维新废除武家政治、恢复君主政体，即将政权从德川幕府转移到朝廷手上。庆应三年（1867）十月十四日，德川幕府的将军德川庆喜宣布"大政奉还"，实际上则打算由自己掌握实权，让朝廷做名义上的统治者。倒幕派却想要废除德川家的特权，在天皇的领导下掌握实权，于是在1868年1月3日发动"王政复古"政变，其后"戊辰战争"爆发。详情参见本书第二章。——译者注

② 庆应三年（1867）十月十四日，德川幕府第15代将军德川庆喜向朝廷递交《大政奉还上表》，宣称要把权力还给朝廷，第二天获得朝廷的许可。自此，镰仓幕府以来在日本持续了大约700年的武家政治宣告终结，这就是日本历史上著名的"大政奉还"。详情可参见本书第二章。——译者注

形式上来说，只有天皇才能位处中间最大的圆，幕府、萨摩、长州以及其他强藩构成了中等规模的圆，它们与其余的 260 多个藩共同构成"立法府"。这个构想的缺陷在于没有规定"行政府"的构成及权限等。

形式归形式，现实问题在于幕府与萨摩、长州两藩的军事力量都很突出，因此两派中必有一派要作为实际上的"行政府"加入中心的大圆。众所周知，萨、长两藩在鸟羽、伏见之战①中战胜幕府，成为事实上的"行政府"。可是萨、长两藩的胜利并不意味着"立法府"的中心诸藩（中等规模的圆）及其余 260 多个"立法府"成员（小圆）都消失不见了。直到明治四年（1871）实施废藩置县，事实上的"行政府"才终于变成名副其实的"行政府"。

---

① 鸟羽、伏见之战是日本戊辰战争的开端，发生于 1868 年 1 月 27～30 日，交战双方是幕府军和政府军。幕府将军德川庆喜以会津、桑名两藩藩兵为主力，从大阪城出发，意欲从京都南郊的鸟羽、伏见进攻京都。结果萨摩、长州两藩组成的政府军取得胜利，德川庆喜败走江户。——译者注

第一章

明治维新的基本构想

佐久间象山（1811～1864）

出生于松代藩①的一个下级武士家庭，除了具备深厚的汉学素养以外，还精通西洋兵学和兰学。他学识渊博、声名远播，就连其他藩的人亦愿师从于他，故其门下人才济济。1864年，佐久间象山为"公武合体"②"开国佐幕"③一事赶赴京都，结果被暗杀。

---

① 松代藩位于现在的长野县一带。——译者注
② "公武合体"是江户末期的政治运动。"公"是指"公家"，即京都的朝廷；"武"是指"武家"，即江户的幕府。1858年，德川幕府与美国签订《日美修好通商条约》，德川家主导的幕藩体制愈发动摇。"公武合体"主张幕府与朝廷的传统权威相结合，其目的是利用朝廷的权威来稳固幕藩体制。"公武合体"的一大举措就是"和宫下嫁"，即孝明天皇的妹妹和宫1862年嫁给德川幕府的第14代将军德川家茂。——译者注
③ "开国佐幕"是指主张开国，并且辅佐幕府。"开国"与"攘夷"相对立，"佐幕"与"倒幕"相对立。——译者注

1 胜海舟与西乡隆盛的会谈

明治四十三年（1910），有一位名叫胜田孙弥的旧萨摩藩藩士①出版了三卷本《大久保利通传》。该传记收集了大量大久保利通日记以及重要人物写给他的信件等，并对这些史料展开了细致的分析，内容非常翔实。

文中有一处引起了笔者的注意。众所周知，明治元年（1868），西乡隆盛与胜海舟曾为"江户无血开城"一事举行过极为重要的会谈。事实上，这并非两人的初次会谈。据《大久保利通传》第一卷记载，大约三年半之前，即元治元年（1864）九月，胜海舟与西乡隆盛就曾会谈过。尽管佐佐木克在《幕末政治与萨摩藩》等著作中详细介绍了两人初次会谈的情形，其实早在1910年就已经有人注意到该会谈的重要性。

彼时会谈之后，西乡隆盛和他的同伴、同为萨摩藩藩士的吉井友实分别写信给萨摩藩的大久保利通。这两封书信还原了当时的会谈场景，是引领我们踏上幕末政治史之旅的最佳旅行指南。两封书信都写于元治元年九月十六日。

让我们先来看一下西乡隆盛写给大久保利通的信。由于幕末明治时期的书信多为文言，汉字较多，颇为费解，因此笔者在本书当中引用的资料皆非原文照搬，而是用相对易懂的近代文体解释的版

---

① 藩士是指江户时代从属于各藩的武士，即各藩大名的家臣。——译者注

本。若有读者想要参照原文，请根据脚注进行查询。

西乡隆盛将与胜海舟的会谈情形记录如下：

> 初见胜氏之时，方知对方实乃惊才绝艳之人。本欲对其敲
> 打一番，岂料反被此人所折服。胜氏足智多谋，深不可测，有
> 英雄气概。虽不如佐久间〔象山〕精干，且若论学问见识，
> 佐久间尤为出类拔萃，然则得逢胜先生，感佩万千。①

本想用自己的口才征服胜海舟，结果反而"被此人所折服"，
怀着"感佩万千"的心情返回。西乡隆盛的这封信生动地反映了
他的性格和为人。如后文所述，此时他对胜海舟的感佩之情完全影
响到了三年半后两人就"江户无血开城"进行的谈判。西乡之为
人，颇有"武士"一言、驷马难追的气概。

然而，在阅读这封导引我们踏上幕末政治史之旅的书信时，还
应注意到一处令人惊诧的表述——"若论学问见识，佐久间尤为
出类拔萃"。在此之前，西乡隆盛作为萨摩藩勤王党的领袖，曾被
藩主岛津久光流放于德之岛、冲永良部岛等地大约两年，直到
1864 年初才被赦免召还。与胜海舟见面时，西乡隆盛在萨摩藩刚
刚担任了半年的"军赋役"（即军司令官）。考虑到元治元年
（1864）二月西乡刚出狱就拖着虚弱的身躯爬到前任藩主岛津齐彬

---

① 勝田孫弥『大久保利通伝』上卷、同文館、1910、582 頁。另外，根据
《大久保利通关系文书》第三卷收录的同一书信，笔者对部分内容进行了
修改。参见立教大学日本史研究会編『大久保利通関係文書』第三卷、吉
川弘文館、1968。

的墓前拜祭之事，他这两年的所谓"幽禁""流放"或许另有隐情。

刚刚出狱半年的西乡隆盛在见到胜海舟时是如何被对方的现实主义政见所折服的？关于这一点我们暂且先不讨论。重点在于，为何他断言，"若论学问见识，佐久间尤为出类拔萃"？流放岛屿之时，他恐怕很难有机会读到佐久间象山的狱中文集《省諐录》①。也就是说，早在被流放之前，西乡隆盛很可能已经吸收了佐久间象山的"学问见识"。

不管怎样，既然明治维新的最大功臣西乡隆盛认为"若论学问见识，佐久间尤为出类拔萃"，那就意味着要想了解明治维新，就得了解西乡隆盛；要想了解西乡隆盛，就得粗略了解佐久间象山的"学问见识"。笔者之所以说要"粗略"了解，是因为考虑到西乡隆盛是名政治家，最擅长的是军事，因此他应该只是学到了佐久间象山思想的大概。

然而萨摩藩的王政复古派在遇到胜海舟时不仅仅联想到了佐久间象山。比如，与西乡隆盛一同会见胜海舟的吉井友实在写给大久保利通的信中如此描述会见的情形。

> 大久保越州〔忠宽〕、横井〔小楠〕、胜海舟等皆主张：
> 征讨长州藩；将长州藩之罪名告诸幕府官员；举天下人才开设

---

① 1854年，佩里（Matthew Calbraith Perry）为缔结《日美和亲条约》再度抵达日本。吉田松阴与其弟子金子重之辅向美国舰队提出偷渡出国的要求，结果被佩里拒绝。此事败露后，作为吉田松阴老师的佐久间象山遭到连坐，入狱期间写下了代表作《省諐录》（1854）。——译者注

公议会；有识之士亦可参会；以公论来定国是。依诸人之所见，除此以外，别无他法挽回局势。余仅在此略谈所见所闻，右大岛兄〔西乡隆盛〕将另行告知详情。①

这封信的最后一句尤为重要。吉井友实认为，关于大久保忠宽、横井小楠以及胜海舟的"公议会论"，西乡隆盛会向大久保利通做出更为详细的说明。也是因为这个缘故，吉井友实在书信中只是一笔带过，没有详细介绍"公议会论"的内容。而在上文提到的西乡隆盛的书信里，西乡隆盛确实论述了集全日本大名于一堂的"共和政治"（合议制）的必要性。

现在的研究者发现吉井友实所理解的"公议会论"与西乡隆盛所支持的"共和政治论"存在巨大的差异。而在当时，无论是西乡隆盛，还是吉井友实、大久保利通，都认为仅仅聚集全国大名、没有藩士参与的"公议会"不可能真正运作起来。毕竟，只有"藩主议会"（上院）而没有"藩士议会"（下院）的政治组织很难成立。

关于这场三人会谈，吉井友实联想到了大久保忠宽、横井小楠等人的政见。如下文所述，"公议会"的提倡者是大久保忠宽。可是西乡隆盛在这场会议后得出的结论绝非简单的"公议会"构想。倘若幕府不同意"公议会"或"藩主议会"，萨摩藩又该如何应

---

① 勝田孫弥『大久保利通伝』上卷、同文館、1910、586 頁。另外，根据《大久保利通关系文书》第五卷，笔者对部分内容进行了修改。参见立教大学日本史研究会编『大久保利通関係文書』第五卷、吉川弘文館、1971。

对？西乡隆盛在参加这场会谈时就已经在考虑应对方案了。

两封信提到的佐久间象山、横井小楠、大久保忠宽等人都是思想家，西乡隆盛以及要求他拜访胜海舟的大久保利通则是以变革为目标的实践家。思想家从大局出发，提供了改革的大框架，他们的政见传到政治变革者的耳中时，恰逢日本政坛的一个重大转折点——会谈前大约一个月发生了英、法、美、荷四国舰队炮击下关事件。

对于七月二十三日刚刚宣布第一次征伐长州的幕府而言，四国舰队炮击长州藩无异于帮了幕府一把。可是对于刚刚把"开国""公武合体"等主张联系在一起的萨摩藩和越前藩而言，四国舰队炮击下关是非常不利的事件。经此事件他们发现，即使他们在藩内放弃"攘夷"转而鼓吹"开国"，欧美列强未必会减小对日本的军事威慑。假如四国舰队趁着占领长州的声势一鼓作气驶入大阪湾，直接威逼朝廷敕许"安政条约"和开放神户港，① 那么他们放弃"攘夷"选择"开国"的行为就从根本上失去了正当性。

萨摩藩的西乡隆盛与吉井友实在大久保利通知悉的情况下拜访身在大阪的胜海舟，正是为了寻求破解难题的对策。前文所述的西乡隆盛的"共和政治"（藩主议会）与吉井友实的"公议会"都是从胜海舟处获得的对策，目的正是破解这一难题。

---

① 安政五年（1858），德川幕府与美、荷、俄、英、法签订了五国通商条约，合称为"安政条约"或"安政五国条约"。幕府大老井伊直弼在没有天皇敕许的情况下签订了条约，因此日语汉字亦称"安政假条约"。安政条约的签订导致朝廷和幕府关系激化，引发了后来的安政大狱、井伊直弼被暗杀等重大事件。条约规定1863年兵库开港（即神户港），后来因孝明天皇强烈反对，经幕府再次交涉改为1868年兵库开港。——译者注

召开藩主议会和藩士议会，是为了把包括幕府在内的全国上下的意见以一种明确易懂的方式告诉欧美列强。其意义在于与欧美列强建立一种"对等开国"的关系，既不会因鼓吹"攘夷"而激怒对方，又不会因被迫开国的"屈服"姿态而失去颜面。与当时的"攘夷论"和"开国论"相比，这种主张可以称为"对等开国论"与"藩主（士）议会"的组合。这两个政见的组合非常重要，在此引用西乡隆盛的言论来证实。

余就西洋舰队驶入摄海（大阪湾）一事向胜氏问策，胜氏之策何其明智。今异人（洋人）轻侮幕吏，幕吏实难于谈判之时接受对方之条件。若四五贤明诸侯结成会盟，携足以败退西洋舰船之兵力，开横滨、长崎两港，于摄海据理力争、达成谈判，则条约之缔结必不至成为皇国之耻辱，吾国程序之合理亦为异人所接受，此即众人共立天下之大政、共定国是之时机也。胜氏之策，拜服不已。①

西乡隆盛在文中提到了"四五贤明诸侯结成会盟"，"四五贤明诸侯"其实是指公武合体派几个雄藩的实际掌权藩主，即萨摩藩、越前藩、土佐藩、肥前藩、宇和岛藩的藩主。他所期待的是，上述诸藩的藩主能够团结一致，实行以"开国主义"为前提的强硬外交，在和欧美列强关系对等的情况下完成"开国"。

如此这般，大久保忠宽、横井小楠、胜海舟等人的"公议会

---

① 『大久保利通関係文書』第三卷、312頁。黑点为笔者所加。

论"就和西乡隆盛等人的"对等开国论"结合起来了。但是，倘若幕府这个核心机构既不选择"公议会"，又不选择"对等开国"，又该如何是好呢？西乡隆盛在信中指出："若（幕府）不用此策，则吾藩不妨断然割据一方，兼谋富国之策。"

为了抵抗欧美列强的压制，自然要选择"富国"，但是从西乡隆盛的话中还可以看出，他强调的不仅仅是"富国"，而是"富国强兵"。假如无法实现以幕府为中心、各大名组成的"共和政治"，那么萨摩藩等强藩可以各自"割据"一方，以"富国强兵"为己任。这就是西乡隆盛写给大久保利通书信的内容。

关于这次与胜海舟的会谈，西乡隆盛和吉井友实各写了一封信汇报情况。在他们的信中出现了三位思想家的名字。其中，大久保忠宽的"公议会论"就是各大名建立"共和政治"的原型，横井小楠的"富国论"与佐久间象山的"强兵论"则为"割据"一方"富国强兵"提供了理论依据。"公议舆论"和"富国强兵"正是幕末与维新政治的两大口号。

2　幕末与维新的理论支柱

庆应二年（1866）二月一日，越前藩藩士中根雪江前去拜访萨摩藩的一位实权人物小松带刀。谈话间，中根雪江向小松带刀详细介绍了大久保忠宽的"公议会论"，而大久保忠宽的主张是一年半前吉井友实从胜海舟处获得的。中根雪江的介绍如下：

> 大久保之公议会分大公议会、小公议会两种。大公议会应

议定与全国相关之事件，小公议会则仅议定各地相关之事件。大公议会之议场应设于京都或大阪，小公议会之议场则应设于江户及其他各大都会。且大公议会之议员应由诸侯担任，其中五名诸侯被选为常议员，至于其他议员，诸侯可自行出席，选任管内臣民出席亦未尝不可。会期五年一次，若临时有事需要议定，可召开临时议会。……如此这般。①

需要注意"至于其他议员，诸侯可自行出席，选任管内臣民出席亦未尝不可"这句话。一年半前，吉井友实从胜海舟那里了解到"有识之士亦可参会"的构想。这两句话所要表达的内容几乎完全一致。

并且此处提到了选举五名诸侯为"常议员"的构想，这与西乡隆盛书信中那句"四五贤明诸侯结成会盟"非常相似。假如按照这一构想从当时的大名或大名的父亲中选举五位常议员，那么当选的应该是这几人：萨摩藩的岛津久光、土佐藩的山内容堂、越前藩的松平庆永、肥前藩的锅岛直正、宇和岛藩的伊达宗城。

1863 年，大久保忠宽开始提出他的"大公议会"构想，当时他的游说对象是松平庆永。② 翌年，这一构想获得了萨摩藩西乡隆盛、吉井友实以及大久保利通的支持。1866 年又经由越前藩中根雪江的介绍，获得了萨摩藩小松带刀的支持。换言之，当我们考察发生于王政复古前的"萨土盟约"和"大政奉还"时，首先要明

---

① 江村荣一校注『憲法構想』（日本近代思想大系 9）岩波書店、1989、27 頁。
② 江村荣一校注『憲法構想』（日本近代思想大系 9）、25 頁。

确一个重要史实——萨摩藩的王政复古派很早就开始支持幕臣大久保忠宽的"公议会"构想了。

若是单纯地讨论"议会论",其实早在大久保忠宽宣传"公议会论"之前两年,即文久元年(1861),时任幕府蕃书调所职员的加藤弘之就已经写出了《邻草》一书。该书条理非常清晰,将欧美各国的政治体制主要分为四种类型。其中,加藤弘之对于绝对君主制和有限共和制①持否定态度。对于英国的君主立宪制和美国的"万民同权"型共和制,他则给予了高度评价。加藤弘之并且指出,日本应模仿英国,采用君主立宪制。②

加藤弘之的主张历久弥新,即使在王政复古之后大约20年,依然足以通用于福泽谕吉的交询社和大隈重信的立宪改进党。然而在萨摩藩等政治领袖的实际方针里,我们虽然能够看到大久保忠宽"公议会论"的影响力,却无法找到加藤弘之思想的存在。如后文所述,大久保忠宽的"公议会论"对于王政复古前的"大政奉还"产生了深远的影响,至于加藤弘之的《邻草》似乎没有留下什么痕迹。不过需要指出的是,西乡隆盛与大久保利通所主张的"割据""富国强兵"并非源于大久保忠宽的"公议会论"。

虽然西乡隆盛等萨摩藩领导者一直以来颇为推崇的思想家是胜海舟,但是在西乡隆盛与胜海舟初次会谈之前,对佐久间象山的"学问见识"已经相当了解了。不论是"割据""富国强兵",还是"对等开国",这些政治主张都是源自佐久间象山。

---

① 有限共和制指没有君主,仅有一部分特权阶级才能享有市民权的共和制。
② 加藤弘之「鄰艸」明治文化研究会編『明治文化全集・政治篇』日本評論社、1928、3～14頁。

安政元年（1854），佩里舰队为缔结《日美和亲条约》再度抵达日本。双方交涉期间，松代藩出身的佐久间象山奉命负责警务工作，率大炮 5 门、枪队 100 人、刀枪队 50 人赶赴交涉区域。这次任务让佐久间象山得以通过亲身实践证实自己的观点——和平外交仍需武力威慑，而这正是胜海舟、西乡隆盛等人"对等开国论"的原型。

佐久间象山的"对等开国论"还体现在他的海防观点上。他认为，仅在各地建筑炮台难以抵御航速迅猛的蒸汽轮船的袭击，日本必须也拥有蒸汽轮船才能让炮台充分发挥威力。围绕"炮台不在多，炮船不厌多"这一观点，他在著作中进行了详细的阐述。[①]不论是通过藩主议会创建举国一致体制，还是"割据"一方谋求"富国强兵"，其目的都是实现"对等开国"，而"对等开国论"的原型正是出自佐久间象山。

就在佩里再度抵达日本那年（1854），佐久间象山在《省𬤊录》的结尾写道："余自二十以后，乃知匹夫亦与一国〔松代藩〕相关联；三十以后，乃知匹夫亦与天下〔日本〕相关联；四十以后，乃知匹夫亦与五世界〔世界〕相关联。"正是因为他的远见卓识，西乡隆盛才盛赞道："若论学问见识，佐久间尤为出类拔萃。"

说到佐久间象山，很多人可能会想到他的著名观点——"东洋道德，西洋艺术"。尽管横井小楠非常清楚佐久间象山对"西洋艺术"[②]的理解深度，他却认为佐久间象山"已是堕入邪教〔基督

---

① 佐久间象山『省𬤊録』岩波文库、1944、42 页。
② "西洋艺术"指西洋的科学技术。——译者注

教〕之人"。① 或许在横井小楠眼里，佐久间象山所理解的"西洋艺术"以数学和物理学为基础，其上则是工学、军事科学等应用科学。从佐久间象山的思想中横井小楠很难找到"东洋道德"的要素。

确实，在佐久间象山看来，日本的儒学者都是无用的存在。用他的话讲，就是"存之无补，失之无损，此所谓无用之学也"。② 结果就是佐久间象山并不认同"东洋之学"，他所说的"东洋道德"仅仅是强调忠孝的重要性。

倘若佐久间象山和横井小楠一样拥有极高的人文与社会科学素养，或许他就能够重新解读日本人的哲学、政治、历史，尝试将其与欧美文明相调和。然而他是一个彻头彻尾从自然科学的角度进行思考的学者。

不过需要指出的是，假如彻头彻尾从自然科学的角度进行思考，同样有可能在社会科学领域推导出优秀的结论。比如佐久间象山指出，不打无胜算之仗。

1863 年初，朝廷督促幕府和各藩上奏关于"攘夷"的具体策略。为此，松代藩藩主专门向佐久间象山问策。佐久间象山却颇为冷淡地回绝道，"攘夷"根本不可能实现，因此不可能想出具体策略。他在回信中斩钉截铁地说，不仅他自己没有能力想出具体策略，即使去问松代藩传说中的英雄真田幸村恐怕也不会有什么好办

---

① 佐藤昌介、植手通有、山口宗之校注『渡邊崋山・高野長英・佐久間象山・横井小楠・橋本左内』（日本思想大系 55）岩波書店、1971、481 頁。另外，笔者根据此书内容对佐久间象山和横井小楠的主张进行了介绍。

② 佐久間象山『省訾録』、34 頁。

法，哪怕是中国的诸葛亮再世、孙子复活，也不可能为此时的日本想出"攘夷"的具体策略。①

为何"攘夷"不可能实现？佐久间象山从自然科学的角度展开了分析。首先他调查了世界陆地总面积，将其与日本陆地面积进行了比较，明确指出日本陆地"不及（世界陆地总面积之）二百分之一"。接着他又明确指出了日本与外国在科学技术方面的差距。

> 外国之学术技巧，自昔日所言三大发明以来，日新月异，天文、地理、船舰、枪炮、城制等，无一不妙。且蒸汽机之学正盛，海路有蒸汽机船，陆路有蒸汽机车。近日得阅精细地图（五年前在德意志出版）……诸国皆铺设若干铁道，以使蒸汽机车畅行于国内，短则数十里〔英里〕，长则上千里。以此一事，足可推知其国力之富有强大。②

由上可知，佐久间象山仅用一幅"地图"就算出了欧美各国铁路的长度，这是多么惊人的想象力！他用线和绷针一点一点测量地图中铁路的长度，然后根据地图比例尺换算出铁路的实际长度。在信息匮乏的时代，人们只能运用自己的智慧去弥补信息的不足。

彼我实力悬殊之际，仅凭日本特有的"德义"是不可能扭转

---

① 「攘夷の策略に関する藩主宛答申書」『渡邊崋山・高野長英・佐久間象山・横井小楠・橋本左内』（日本思想大系 55）、321～324 頁。

② 「攘夷の策略に関する藩主宛答申書」『渡邊崋山・高野長英・佐久間象山・横井小楠・橋本左内』（日本思想大系 55）、321～324 頁。

局势的。用他的话说："两国相战，我之国力不及敌国，纵使我之德义远胜于彼，亦难以得志。此即天下之正理、实理、明理、公理也。"① 78 年后，东条英机在准备偷袭珍珠港之前真该反复阅读佐久间象山的这句话。

对于作为"自然科学家"的佐久间象山而言，若要与欧美列强的科学、工业、军事力量相对抗，就必须实现近代化、提高日本的综合国力。为此，在政治组织上实现"公武合体"就足够了。与其耗费大量时间变革现有的权力结构，不如以现有秩序为前提，向所有的支配阶级和被支配阶级普及自然科学教育，这才是捷径。

佐久间象山认为，上至大名的全体亲族、高俸禄旗本②的二三子嗣，下至低俸禄的武士，都应根据身份施以不同的教育，内容涉及"天文、地理、航海、测量、万物之奥秘、炮兵之技、商法、医术、器械、技工等，皆以西洋为主"。③

"西洋艺术"的教育水平因受教育者的身份不同而有高低差异，即使是"农工商贾"，也要为其开办"学校"，普及教育。"估摸算之，学问之进步，三年可小成，九年可大成。"总而言之，佐久间象山主张在保持现有高低贵贱之分的前提下发展全民教育。他已经产生了把学习过程分为四个阶段的想法，即小学、中学、大学、留学。

为了装饰他的全民西洋教育主张，佐久间象山提倡"道德、

---

① 「攘夷の策略に関する藩主宛答申書」『渡邊崋山・高野長英・佐久間象山・横井小楠・橋本左内』（日本思想大系 55）、321～324 頁。
② 旗本，德川幕府时代将军的直属家臣。——译者注
③ 「時政に関する幕府宛上書稿」、1862。

仁义、孝悌、忠信均遵从汉土圣人之谟训（教诲）"。虽然他把自己的主张综合称为"东洋道德、西洋艺术"，实际上东洋、西洋完全失衡，准确地说应该是"一成东洋、九成西洋"。

如上所述，西乡隆盛对他的盛赞可谓一语中的。可是，明治维新的日本从佐久间象山身上直接继承到的却是他的"海防论"。佐久间象山的"海防论"并非"专守防卫"，而是"积极防御"。如前文所提及的那样，日本四面环海，当欧美列强驾驶着坚固而又高速的军舰来袭时，若是仅仅在各地建设炮台，那么几乎不会产生什么防御作用。他在《省警录》中指出，只有当日方也从外国购入军舰，与敌舰势均力敌时，"海防"才有可能实现。

明治初年的日本军部明显继承了他的这一主张。明治四年（1871）十二月的兵部省（陆海军省）建言如下：

> 战舰为运转灵活之炮台。皇国沿岸万里，四面皆有可能遭遇敌人之冲击，纵令排满炮台亦于事无补。故应大力扩张海军，建造超大军舰，弥补炮台之不足，保护内地。①

1853 年佩里来航之后没多久，佐久间象山就在监狱中开始宣传自己的"海防论"。1871 年，他的这一主张终于得到了兵部省的认可。

在佐久间象山看来，数学、物理等原理，以及军事科学、工学等自然科学的高度发展造就了以铁路和军舰为代表的欧美工业实

---

① 大山梓编『山県有朋意見書』原書房、1966、45 頁。

力。他的思想唯独欠缺了对经济学的关注，据他所言："贸易理财之义，私以为本不必修习。"①

倘若以此断言佐久间象山不主张"富国强兵"中的"富国"，就有些言过其实了。不过需要指出的是，关于"富国"的重要一环——"殖产兴业"，他几乎没有谈及相关对策。因此，即使接受他的提议从外国购入最新式的军舰，只要日本国内的生产力不提高、日本的出口产业没有发生质的飞跃，那么将来日本除了借款别无他法。

提出"富国论"的是横井小楠。如前文所述，吉井友实给大久保利通写信，汇报了他与胜海舟、西乡隆盛的会谈情况。他在书信中列举了大久保忠宽和横井小楠的名字。横井小楠在当时就已经颇有名气，他的"富国论"与明治时代的"殖产兴业论"直接相关。如今我们已经无法确认到底是谁率先使用了"富国强兵"这个表述，但是可以确定的是，早在1860年横井小楠就已开始使用这个词。不过与佐久间象山相反的是，比起"强兵论"，横井小楠所主张的"富国强兵"重点强调"殖产兴业"方面。

1860年，横井小楠上呈给越前藩的《国是三论》指出，政府应该开设农产品试验场，致力于养蚕、制丝、农具等的机械化，同时还应为原材料、工资、肥料等费用提供无息贷款。这些虽然会让政府承受一些负担，但是只要政府垄断了对外贸易，就能得到相应的补偿。② 一般情况下，后发资本主义国家的工业化类型主要分为

① 佐久間象山『省警録』、318 頁。
② 『渡邊崋山・高野長英・佐久間象山・横井小楠・橋本左内』（日本思想大系 55）、442 ~ 443 頁。

两种，即出口导向工业化和进口替代工业化。其中，由政府主导推进的特色产品生产模式正是为了实现出口导向工业化。

虽然越前藩采用了横井小楠的"殖产兴业论"，但是横井小楠在写作《国是三论》时所关注的是正踌躇于"开国"和"攘夷"的整个日本。也就是说，他的立论主体并非越前藩，而是中央政府。

1873 年大久保利通创设内务省，开始把"殖产兴业"作为日本政府的核心政策，此时的"殖产兴业"添加了横井小楠未曾提及的进口替代工业化。比如，日本开设著名的"官营工场"就是为了让进口棉纱等被国货替代。然而若要实现进口替代工业化，首先得有足够的外汇，而要获得外汇，大前提还是要出口日本的特色产品。从这个角度看来，大久保利通堪称横井小楠思想的优秀继承者。

横井小楠的"殖产兴业论"不仅主张吸收欧美文明，而且主张承继中国尧舜三代的历史传统。这是他的"殖产兴业论"的一大特征。据横井小楠所言，儒学的"格物究理"原本就是为了鼓励人们探索自然之理，在此基础上进行加工创造，增加生产，丰富民生。只不过到了后世发生了偏移，宋明理学转而变为抽象的思辨，探索包括人类社会在内的宇宙的静态关系。

用横井小楠的话讲，"山川、草木、鸟兽、货物皆可尽格物之用，开荒垦地，无不用于利民"，这才是儒学本来的姿态。他的这一理解直接被贯彻到他的"殖产兴业论"中。[1]

---

[1] 「沼山閑話」、1865 年秋、『渡邊崋山・高野長英・佐久間象山・横井小楠・橋本左内』（日本思想大系 55）、513 頁。

因为对儒学本来的姿态有着自己的理解，当横井小楠以此为前提看待佩里来航前后的欧美文明时，中国文明与欧美文明也就没有什么本质上的差别了。假如他像佐久间象山一样以宋明理学为前提看待欧美文明，那么他恐怕也会把"东洋道德"和"西洋艺术"相区分。但是对横井小楠而言，尧舜三代所代表的理想社会的文明与欧美文明是同一类型，因此不必区分"道德"和"艺术"。由于幕末开国时期东洋文明与西洋文明的碰撞是一个非常重要的历史课题，在此用横井小楠自己的语句多解释一下。

时至今日，近世西洋开辟航道，四海百货交相通达。若以经纶之道解答，参照宋儒（朱子学者）之说，则无一符合。然若参照尧舜三代（夏、商、周）之书，则皆有记载。倘使尧舜再生，治理当世，诸如西洋之炮舰、器械、百工之精、技术之功，必速尽其功用，广传天工，令西洋可望而不可即。①

当横井小楠把古代中国的理想社会和眼前的欧美文明视为连续的脉络时，他反而会把欧美列强要求日本开国一事理解为好意。更极端地讲，是中国古代圣人化身欧美列强要求日本开国。

阅读《沼山闲话》可以发现，横井小楠对美国首任总统华盛顿最为推崇，同时高度评价了尊重民意的英国议会政治。在他的描

---

① 「沼山閑話」、1865 年秋、『渡邊崋山・高野長英・佐久間象山・横井小楠・橋本左内』（日本思想大系 55）、513 頁。

述中，美国自华盛顿以来一直致力于避免对外战争，吸收世界知识，"废除君臣之义"，维持"公共和平"，从这点来看与古代中国的理想社会颇为相近。[①]

顺便需要读者诸君注意的是，横井小楠一方面极为推崇尧舜三代的功绩以及美国的首任总统华盛顿，另一方面却全面否定了日本当时的神道、儒教、佛教。他指出："我皇国如今，已无大道。虽为一国三教，然则圣人之教遭〔朱子〕学者之愚弄，荒唐不经，全无条理；佛教只欺愚夫愚妇，实非贵贱上下皆信奉之大道。既然吾国乃无宗旨之国体，又何以统一人心，施以治教。"[②]

在当时的横井小楠看来，安政三年（1856）的日本是"无宗旨之国体"。既然如此，日本在 21 世纪大力宣扬的"传统"又该追溯至哪个时代？

3　构想的一致与实践的对立

上文提及了大久保忠宽的"公议会论"、佐久间象山的"强兵论"、横井小楠的"富国论"，这些主张经由胜海舟、大久保忠宽等人的传播得到了幕府内开明派以及越前藩等亲藩[③]的支持。而

---

① 「沼山閑話」、1865 年秋、『渡邊崋山・高野長英・佐久間象山・横井小楠・橋本左内』（日本思想大系 55）、448 頁。

② 「沼山閑話」、1865 年秋、『渡邊崋山・高野長英・佐久間象山・横井小楠・橋本左内』（日本思想大系 55）、478 頁。

③ 亲藩，与德川家有血缘关系的藩，包括统称为"御三家"的尾张、纪伊、水户和"御三卿"的田安、一桥、清水以及以越前为首的姓松平的藩。——译者注

1864 年胜海舟、西乡隆盛、吉井友实之间的会谈，则使外样①强藩萨摩藩的领导者得到了相似的启发。

不仅如此，胜海舟甚至把"公议会论"传播到土佐藩的坂本龙马以及该藩实权人物后藤象二郎那里。就连最为支持"攘夷论"的长州藩也在胜海舟与西乡隆盛第一次会面的翌年（1865）转而主张"开国论"。八月，大久保利通在给正在英国留学的萨摩藩士的书信中写道：

> 长州战争以来，所谓暴论过激之徒，大多豁然开朗，辨知攘夷之不可为，大举开国遂成人心之所向。据余所闻，最为独具慧眼之诸藩（佐贺、越前、土佐、宇和岛等），断然施行商法〔贸易〕等。若大树②〔将军〕家龙头蛇尾，一路东下〔江户〕，则必成命令不通、各国〔藩〕割据之势。此时宜着眼大策，用富国强兵之术励精图治，充实国力，如此一来，纵以一藩之势，亦可拥护天朝，使皇威灼然于海外。③

这段话包含了三个重要问题。

---

① 外样大名，关原之战后臣服德川家的大名。因为他们不像亲藩大名那样和德川家有血缘关系，也不像谱代大名那样早在关原之战之前就追随德川家康，所以远离幕政中枢，领地多在偏远地区，面积相当广阔。倒幕的萨摩藩和长州藩都是外样大藩。——译者注

② "大树"是"大树将军"的略称。语出《后汉书》卷十七《冯异传》："每所止舍，诸将并坐论功，异常独屏树下，军中号曰'大树将军'。"在日本，"大树将军"是将军或征夷大将军的别称。——译者注

③ 胜田孙弥『大久保利通伝』上卷、648 頁。黑点为笔者所加。

第一，大约在第二次征伐长州（1866）的前一年，尊王攘夷派的最后据点长州藩就已经转而主张开国论了。

第二，萨摩藩加上引用处列举的佐贺、越前、土佐、宇和岛诸藩，这五个藩都颇具实力，已成"割据"一方之势，各自都已开始实行"富国强兵"之策。"断然施行商法等"是指向欧美贩卖日本特产，购入军舰、兵器等。前者实践了横井小楠的"富国论"，后者实践了佐久间象山的"强兵论"。

第三，大久保利通讨论了一个问题，即致力于"富国强兵"的若干强藩在结盟时是否需要以幕府为中心。一年前的胜海舟与西乡隆盛会谈提出了"四五贤明诸侯结成会盟"的对策，若要使会盟常规化，可以建立由全国诸侯组成的"共和政治"。结盟的目的是实现"对等开国"。具体而言，"安政条约"可以得到天皇的敕许，但是作为交换条件，日本要回绝神户开港一事。大久保利通在信中假设了一个最糟的情况——"若大树家龙头蛇尾，一路东下"，这句话的意思是假设幕府既没有召开"诸侯会议"，又没有拒绝"兵库开港"的情况。

如大久保利通所预想的那样，英、法、美、荷四国的九艘军舰集结在兵库沿海，面对如此威慑，幕府轻易地接受了对方的要求，甚至未曾考虑过积极导入"藩主议会"。西乡隆盛和大久保利通主张召开"藩主议会"原本是为了维持"对等开国"的姿态。毕竟制定"开国"方针和拒绝兵库、大阪开港都是"藩主议会"讨论的结果，这个结果也更容易被欧美列强接受。可是他们的"对等开国"方针未被幕府采纳。

不过形式上的"对等开国"方针最终还是被采纳了，采纳者并非幕府，而是朝廷。在京都向诸藩重臣征求意见后，朝廷决定敕许"安政条约"，同时拒绝神户开港。这一决策不仅缺乏幕府的积极指导，甚至还违背了幕府的意志。也就是说，幕府并未主导"藩主议会"以及以"藩主议会"为基础的"对等开国"方针。

虽然幕府和萨摩藩在决策上都选择了"开国"，但是两者存在明显的差异。幕府视欧美列强为"和平鸽"，而萨摩藩则视其为"老鹰"。这种认知差异同样存在于横井小楠和佐久间象山的开国思想中。横井小楠从华盛顿身上看到了中国尧舜三代圣人的影子，佐久间象山则主张建造不输于欧美列强的军舰。除此以外，如下两份史料非常极端地反映了王政复古前两派的思想差异。

第一份史料是德川庆喜于庆应三年（1867）三月向天皇的上书。德川庆喜是德川幕府的第十五代将军，也是最后一任将军，1866 年才刚刚继位。

> 今日之急务，应取彼坚舰利器之长，谋皇国之富强。是故开港乃当然之义。且种种拒绝之语，无异于断送过往之苦心，废弃富强之术。……今海外诸邦，日益开放，万里比邻。当此自在交通之际，若坚守旧辙，不与万国相交接，则与自然大势相悖，余恐不易解决之祸害交相发生。……古训曰，四海兄弟，一视同仁。依余所见，若以此为基，与天下同步，除旧布新，则可一扫过往之陋习，不出数年，富强充实，吾皇国之武威愈发光大，天子可高枕无忧也。①

---

① 勝田孫弥『大久保利通伝』中卷、同文館、1910、94～95 頁。

乍一看来，德川庆喜冠冕堂皇地把"开国"和"富强"结合在一起，阐述他的"开国进取论"。可是当时日本面临的问题既不是普通的开国，也不是天皇的敕许，这两个问题已经被解决了。德川庆喜上书时所要解决的问题是"兵库开港"。该问题由来已久，本书开头提到的胜海舟与西乡隆盛会谈也涉及这个问题。

更具体地讲，德川庆喜所要解决的问题是，面对欧美列强集结在神户沿海的九艘军舰，日本是否要唯唯诺诺地遵从对方的要求。对于西乡隆盛和大久保利通而言，"公议会论"和"割据"一方的"富国强兵论"不是单纯为了实现"开国"，而是为了实现"对等开国"。"兵库开港"一事正是这两个理论的试金石。

当我们从"公议会论"和"富国强兵论"的角度重新阅读德川庆喜的上书时，不难发现其字里行间透露着乐观的色彩。他从"四海兄弟，一视同仁"的立场出发，认为"与万国相交接"是为日本的将来着想，故而"开港乃当然之义"。

第二份史料与德川庆喜的观点颇为不同。大约在德川庆喜上书后四个月，吉田清成①、森有礼②等萨摩藩留英学生从伦敦寄信给大久保利通。信中明显把欧美视为"老鹰"，充斥着对欧美的不信任之情。

---

① 吉田清成（1845~1891），1865年作为萨摩藩的留学生化名"永井五百助"留学英国、美国，最初学习航海学，后改学政治学、经济学，1870年回国。——译者注

② 森有礼（1847~1889），1865年作为萨摩藩的留学生化名"泽井铁马"留学英国，后相继去了俄国、美国，1868年回国。森有礼是日本首任文部大臣、一桥大学创始人、明六社发起人。——译者注

> 欧土之人，广布灾害于宇宙，数不胜数。某老翁语曰，古
> 今历史，未见一欧人不思利己，赤诚为他。吾等闻之，多加留
> 意，未尝见一例与老翁之说相异。……为求利己，道义皆忘，
> 掠夺诸州诸岛，强者为友，弱者拒之，此可谓欧洲美洲之品
> 行也。[①]

在这两位萨摩藩留学生看来，欧美列强主张的是弱肉强食，
"四海兄弟，一视同仁"的古训根本没有讨论的价值。西乡隆盛、
大久保利通的"对等开国论"与萨摩藩留学生的言论可以说是站
在相同的立场。

4 "公议会论"的缺陷

既然幕府相信欧美列强的文明主义，主张从"四海兄弟"的
立场出发，实行"开国·开港"，那就没必要专门创设"公议会＝
藩主议会"这类削减自己权力的组织了。无论是"藩主议会"，还
是"藩士议会"，它们的设立都是为了向欧美列强夸示日本举国一
致"对等开国"之态度。德川庆喜于庆应三年（1867）三月的上
书导致主张"对等开国"的开明派大藩不得不选择对抗幕府、设
立"公议会"。六月，萨摩藩与土佐藩迈出了对抗幕府的第一步，
两藩结为"同盟"，这就是历史上著名的"萨土盟约"。土佐藩的
后藤象二郎和坂本龙马，萨摩藩的西乡隆盛和大久保利通出席了这

---

① 勝田孫弥『大久保利通伝』中卷、150～151頁。

场会盟，盟约书如下：

一、议定天下大政全权归朝廷所有。我皇国之制度法律、一切万机，皆由京师议事堂下令。

一、为建立议事院，诸藩应贡献入费。

一、议事院分上下。上至公卿，下至陪臣庶民，选举正义纯粹之人为议事官，且诸侯应根据各自之执掌充任上院。

一、断无以将军之职掌握天下万机之理。将军理应即日辞去职位，归顺诸侯之列，归政权于朝廷。[1]

自从大久保忠宽提出"公议会论"、1864 年胜海舟与西乡隆盛会谈讨论"公议会论"以来，"萨土盟约"终于明确提出要和平废止将军制度，这点尤其值得称颂。当然，各藩俸禄维持原状，德川家 800 万石、萨摩藩 72 万石、土佐藩 20 万石。但是德川家必须放弃将军一职，最多只能作为一个大名，与其他 260 多位大小名一起担任上院议员。可以说，"萨土盟约"确实以改革德川幕藩体制为一大目标。

不过需要注意的是，当大久保忠宽于文久三年（1863）提出"公议会论"时，他的前提是把幕府作为中央政府来考量。我们稍微思考一下议会制的普遍特征就能明白大久保忠宽的逻辑。没有政府的议会制是不可能存在的，这种情况也不可能组建议会内阁制。正常的议会制是宪法或不成文法律规定政府和议会的权限，占议会

---

① 勝田孫弥『大久保利通伝』中卷、133 頁。

多数席位的党派组建政府。

"萨土盟约"要求废除将军一职、归政权于朝廷,意味着政府的职责不再由德川将军家担负。并且为了支持朝廷的"全权",该盟约主张创建两院制,这点也非常值得称颂。只要"朝廷"自己不成为政府,那么新政治体制中就只有议会。

前任土佐藩藩主山内丰信(容堂)明显受到了"萨土盟约"的影响,并在庆应三年(1867)十月三日提交给将军德川庆喜的建白书中介绍了这个政治框架。德川庆喜读后同样深受影响,在他提交给朝廷的"大政奉还上表"中同样介绍了这一框架,相关文字如下:

> 当今外国交际,日益兴盛。值此之际,不使朝权出于一途,则纲纪难以树立。若改过去之旧习,归奉政权于朝廷,广尽天下之公议,仰圣上之裁断,同心协力,共保皇国,则可与海外万国并立。[1]

因为要"归奉政权于朝廷",日本的"元首"就只有一个了,那就是天皇。并且,既然要"广尽天下之公议",就需要创设某种议会制度,具体来说就是"藩主议会"和"藩士议会"。可是关于"元首"与"藩主议会"之间必须存在的"政府",文中则完全没有提及。德川庆喜虽然声称"仰圣上之裁断,同心协力",却未留下只言片语来解释如何构成"政府"这个内核。

---

[1]　宫内厅编『明治天皇纪』第一卷、吉川弘文馆、1968、528頁。

这就为接下来的事态发展埋下了一根重要的导火线。"政府"这项空白到底应该由谁来填补？是以德川家为中心，还是以萨摩—长州为中心？双方的对立引发了庆应三年十二月九日（1868年1月3日）的王政复古。其后双方发生武力冲突，导致庆应四年一月三日（1868年1月27日）爆发鸟羽、伏见之战。

笔者之所以在上文一直给"政府"一词添加引号，是为了强调文久三年（1863）的大久保忠宽，乃至元治元年（1864）的胜海舟与西乡隆盛会谈都在思想理论上存在一个致命的缺陷。并且与此密切相关的是，"公议会论"还有一个缺陷——完全没有提及"宪法"，未能用宪法来规定天皇、政府、上院、下院之间的关系。

前文提及写作《邻草》的加藤弘之，他在蕃书调所有位同事名叫津田真道。津田真道庆应三年（1867）九月完成了著名的《日本国总制度》，该构想应该可以称得上是幕末宪法论。津田真道曾被幕府派往荷兰的莱顿大学（Leiden University）留学，因为留学时认真学习了宪法学，得以在《日本国总制度》中把行政权、统帅权、上院、下院的结构和权限条文化，称该文为宪法草案也不为过。

然而《日本国总制度》只是建立了一个形式上的框架，原因在于德川家和各藩掌握了除海军以外的全部兵权、财权。所以，不掌管陆军和租税权的"总政府"以及上院、下院都只是形式上的存在。换言之，津田真道只是把大久保忠宽以来的"公议会论"换成宪法的风格重写了一遍。

这种情况非常值得深思。其实早在前一年，即1866年，津田真道几乎全文翻译了莱顿大学教授西蒙·卫斯林（Simon Vissering）的宪法讲义。他把自己的笔记命名为《泰西国法论》，1866年脱稿，1868 年出版。无论是体裁还是内容，《泰西国法论》的水平都相当高，完全可以作为日本宪法的模板来使用。

与大约 20 年后公布的《大日本帝国宪法》（1889）相比，《泰西国法论》更为强调议会主义。关于议会的权限，卫斯林教授的讲义内容如下：

> 第三章　定律之国法……尤为紧要者，应设立代民总会，使其与国家之领袖政府相并列，区别制法之权，监视政令。
>
> 第四章　代民总会不仅担任政府之辅弼参谋，还应依据自身之所见，独断独行。
>
> 第五章　代民总会之列，即担任议事之人，并非宰相（首相）等国君之臣。故不必恭顺于〔国君之〕命令。议事之人由国民选任，故议事之人应专为国民负责。
>
> …………
>
> 第七章　若遵从定律之国法，则国内有两个自立之权威匹敌对抗，即政府与代民总会。二者同心协力，以增长国家大益为目标。[1]

卫斯林教授的讲义明确定义了议会的地位。在熟悉议会内阁制的当代人看来，"政府"与"代民总会"未能合为一体似乎有些缺憾。然而如上引文第五章所示，议员与首相不同，他们不是"国

---

[1]　大久保利謙他編『津田真道全集』上巻、みすず書房、2001、166 頁。字下黑点为笔者所加。

君之臣"，因此没有必要"恭顺于〔国君之〕命令"。议员是由国民选举出来的，因此议员不是"国君"之"臣"，而是"国民"之"臣"。

很难想象，这个宪法论居然会被一名公派留学荷兰的幕臣翻译，进而在幕府机构公开出版。然而"萨土盟约"和"大政奉还上表"中的"两院制论"并未受到《泰西国法论》的影响。虽然"萨土盟约"和"大政奉还上表"某种程度上描述了上院和下院的结构，却完全没有规定议会的权限，这点与《泰西国法论》颇为不同。

如上文所述，"大政奉还"前后的两院制论根本没有描述"政府"的权限和选任方法。不仅如此，它也完全没有描述议会的权限。当然，由于幕末"公议会论"未能明确定义"政府"和"议会"，它就没有创设新政治体制的能力。直到旧幕府军和萨长军在鸟羽、伏见一决雌雄时，"新政府"的性质才终于明确起来。

胡刚/绘

第二章

是幕府还是萨长？

胜海舟（1823～1899）

　　出生于贫困的旗本家庭，曾学习兰学，指挥蒸汽军舰"咸临丸"横渡太平洋访问美国，其后致力于发展幕府海军。明治维新时为了让权力和平转移，胜海舟与西乡隆盛展开会谈，实现了历史上著名的"江户无血开城"。

1　"政权"由谁掌握？

明治九年至十三年（1876～1880），农村地主终于开始登上明治政治的舞台。究其原因，一方面，农村地主于1876年发动了声势浩大的反对地租改正的暴动，成功迫使政府于翌年1月减掉了大约17%的地租；① 另一方面，1877年西南战争爆发，导致米价大幅上涨，农村地主相当于获得了极大幅度的减税。在此之前，"公议会论"构建了"藩主议会"和"藩士议会"的框架，可是随着农村地主经济实力的增强，他们开始要求重新构筑"公议会论"，在政治中拥有自己的话语权。1880年在整个日本兴起的"国会期成同盟"正是反映了农村地主的政治需求。

1867年大政奉还前后，"公议会论"迎来了它的高潮。而它的下一个高潮居然发生于十多年之后，这是因为受到了戊辰战争这一内战的影响。换言之，日本发生了差点把国家一分为二的"内战"，网罗了德川家乃至诸强藩藩主、藩士的"公议会论"自此遭到重挫。

---

① 1873～1881年，明治政府依据地租改正条例，对土地制度、租税制度进行了改革。其中，1873年7月颁布的"地租改正"要求由政府来认定土地的价格，以地价为地租的课税标准，无论丰年荒年，土地所有权者都要把地价的3%作为地租，且必须用货币而非农产品来缴纳。对此，日本各地的农村地主发动了反对地租改正的暴动。1877年1月4日，明治政府把地租降至地价的2.5%。与1873年规定的地租相比，这就相当于削减了大约17%的地租。——译者注

如前文所述，其中最大的原因在于"公议会论"没有谈及"政权"的问题。德川庆喜接受"公议会论"实行"大政奉还"时，本打算依旧由德川家掌握"政权"。在他看来，"藩主议会"（上院）和"藩士议会"（下院）的存在只是为了对德川政权诸项政策表达赞同和反对意见。基于这个理由，他才于庆应三年十二月（1868 年 1 月），在通报给各国公使的文书中强调"王政复古"这一政变并不正当。

> （余）诚心诚意上表朝廷，欲弃祖宗以来传承之政权，广集天下之诸侯，征尽公议，采纳舆论，定吾国政府之建法变革。……朝廷敕许余之上表，要余依旧执行诸事之政权，直至诸侯公议相决之时。故余一心等待会议召开之期，届时必断然出席。岂料忽有一日，数名诸侯带兵仗突入禁门，……变之前敕命之宗旨，不待公议即废止将军之职。①

这段话的最后一句尤其重要。十月二十四日，德川庆喜向朝廷辞职，他是把"将军"而非"将军之职"返还给朝廷。换言之，即使庆喜卸下了自己的征夷大将军头衔，"将军之职"本身依旧存在，等到"诸侯公议"之时，他还有可能重新就任"将军之职"。

确实，如德川庆喜所言，"征夷大将军"是朝廷所规定的官职，哪怕将军权势极大或是自请辞职，这个官职也不是轻易就能

---

① 勝田孫弥『大久保利通伝』中卷、358 頁。

废止的。从十月二十四日庆喜"辞退"将军之职到十二月九日王政复古大号令宣布"废绝""摄关"①及"幕府",这中间总共有大约一个半月的时间。在这段时间里,无人担任"将军之职"。

无人担任"将军之职"意味着没有人在名义上掌握着"政权","政权"是不存在的。值得注意的是,正是基于这个逻辑,德川庆喜才在通报给各国公使的文书中两次提及"政权"一词。并且,大政奉还的大前提是召开"诸侯公议",等到"诸侯公议"时就能决定出新的"政权",而德川庆喜原本就打算"断然出席""诸侯公议"。

当然,萨摩藩的西乡隆盛和大久保利通在同意"萨土盟约"的两院制"公议会"构想时也注意到了"政权"方面的问题。更为准确地说,自从三年前西乡隆盛和胜海舟展开初次会谈以来,他们就一直在思考这个问题。也正是因为这个缘故,1864年的西乡隆盛和1865年的大久保利通才一直强调"割据"一方"富国强兵"。若能通过"藩主议会"和"藩士议会"来决定国家大事固然极好,可是要想掌握日本的"政权",就必须"割据"一方,拼尽全力实现自己所属藩国的"富国强兵"。

如众多日本人所知道的那样,1867年的"萨土盟约"明确记述了萨摩藩的"公议会"路线;②1866年的"萨长同盟"则明确

---

① "摄关"是"摄政"和"关白"的合称。如果天皇年幼或为女性,需要"摄政"来代替天皇处理政务;如果天皇是成人,则由"关白"来辅佐天皇。——译者注

② 参见本书第一章第4节。——译者注

记述了"割据"路线。① 萨长同盟的缔结者之一——长州藩的木户孝允在 1867 年十月大政奉还后没多久给同属长州藩的伊藤博文和井上馨写信道:

> (今后我藩藩主父子)与芋无所不同,既曰协同一致,相互尽力,则望遵照约定,尽力而为。……私以为水壶与鲣节亦将渐渐与吾等同道。②

日本读者应该一看就知道"芋"代指萨摩,"鲣节"代指土佐,不过关于"广岛水壶"恐怕需要查询百科词典。也就是说,当土佐藩的后藤象二郎主导实现大政奉还后没多久,木户孝允就在信中要求强化萨摩、长州、土佐、安艺(广岛)四藩的合作。可以想象,所谓的强化合作其实是为了实行"王政复古",与"大政奉还"作对。另外,关于土佐藩的情况还需做出若干说明。

土佐藩的后藤象二郎和坂本龙马瞄准的目标是大政奉还。如前文所述,当他们致力于结成"萨土盟约"时,同属土佐藩的板垣退助、谷干城等人与萨摩藩的西乡隆盛、小松带刀结成了"萨土盟约"的"密约"。谷干城的回忆如下:

---

① 庆应二年(1866)一月,在土佐藩脱藩浪人坂本龙马和中冈慎太郎的斡旋下,萨摩藩的西乡隆盛、小松带刀与长州藩的桂小五郎(后改名"木户孝允")在京都会见,结成六条盟约,史称"萨长同盟"。——译者注

② 春畝公追颂会『伊藤博文伝』上卷、統正社、1940、321 ~ 322 页。引用段落写于庆应三年十月二十三日。

　　虽已缔结盟约，然〔藩〕政府变化实难预测。万一〔藩〕政府有所迟疑，我等同志需愈发加强合作，万不得已之时，则与〔藩〕政府背道而驰。①

　　由此可见，即使是在土佐藩内部，意见也并非完全统一。后藤象二郎等人主张和德川庆喜联合，掌握大政奉还后的政治指导权；板垣退助、谷干城等人则主张和萨摩藩、长州藩联合，必要时武装推翻幕府统治。一直到了最后，萨摩藩的西乡隆盛和大久保利通仍然同时和土佐藩的两派保持联系。毕竟，西乡和大久保很早之前就已支持"公议会"构想，因此不可能轻易放弃原先的目标。
　　那么"政府"这个空白到底应该由谁来填补？在1868年1月3日公布的王政复古大号令里，有一句话尤其重要。

　　自今废绝摄关、幕府等，即今暂行设置总裁、议定、参与三职，可处理万机。②

　　"废绝幕府"，设置"三职""可处理万机"。短短一句话明确了"政权"的更迭。尽管德川幕府的"大政奉还"已经实现了"王政复古"本身，然而在"大政奉还"时，"王政复古政府"尚未建立。王政复古大号令正是为了创设这个"政府"。
　　"大号令"中还有一个词需要特别注意，那就是"暂行"。在

---

① 島内登志衞編『谷干城遺稿』上卷、靖献社、1912、42頁。
② 宮内庁編『明治天皇紀』第一卷、558頁。

越前藩的"公议会论"倡导者中根雪江看来，五名公卿和五名大藩藩主、前任藩主担任"议定"，这就构成了"上院"；同样，五个大藩中每藩选出三名藩士，加上五名公卿（共计 20 人）共同担任"参与"，这就构成了"下院"。[①]

其实，作为"公议会论"的倡导者，中根雪江误读了王政复古大号令的真实含义。事实上，王政复古大号令并未围绕"公议会"做出相关规定，它只是宣布创设"议定"和"参与"，用新政府来代替幕府。

以明治天皇的名义颁布王政复古大号令意味着天皇下敕谕建立新政府。这不仅和 1864 年以来"公议会论"的宗旨相背离，而且和半年前的"萨土盟约"，乃至一个半月前的"大政奉还"的宗旨相背离。正因如此，王政复古大号令才使用了"暂行设置"一词。

"暂行设置"的"议定"和"参与"不能像中根雪江设想的那样作为"上院"和"下院"。假如无法尽快召开"藩主议会"（上院）和"藩士议会"（下院），正式认可"议定"和"参与"，那么这种"公议会"没有什么效力可言。

另外，"大号令"不仅废绝了幕府，而且废绝了摄关，其历史意义不可忽视。在朝廷内部，二条齐敬作为孝明天皇的"关白"、明治天皇的"摄政"一直致力于维护与幕府的友善关系。毋庸赘言，"废绝""摄关"意味着把二条齐敬等亲近幕府的公卿逐出权力中心，把反幕府派的公卿任命为"总裁""议定""参与"。

---

① 日本史籍協会編『戊辰日記』東京大学出版会、1973、8 頁。

然而"废绝""摄关"的历史意义并不仅仅停留在政治路线方面。它不仅把"幕府"替换成"总裁、议定、参与"，而且使天皇从象征性的存在变为政治上的君主。参照著名的"五条御誓文"有助于加深我们的理解，该誓文公布于明治元年三月（1868 年 4 月）。

虽然在"五条御誓文"当中，第一条誓文"广兴会议，万机决于公论"最为有名，然而本书追溯了 1864 年以来"公议会论"的传播途径，从这个角度来看，第一条誓文只是对各藩的共识进行了确认。并且按理说正确的顺序应该是这样的，即先"广兴会议"，后决定"王政复古"。

与"废绝"摄政、关白关联重大的是第四条誓文"破旧来之陋习，基天地之公道"。此外还应注意到如下这条天皇告谕，该告谕的发布时期与"五条御誓文"相同。

近来宇内大开，当各国四方相雄飞之时，独我国疏于世界之形势，固守旧习，不图一新之效。朕恐徒自安居于九重之中，偷得一日之闲，忘怀百年之忧时，受各国之凌辱，上辱列圣，下苦亿兆子民。[①]

第四条誓文中的"旧来之陋习"是指天皇被摄政、关白、议奏等包围，"安居于九重之中"。不再"安居于九重之中"的天皇宣称："亲自经营四方，安抚汝等亿兆子民，终将拓开万里波涛，

---

① 宫内厅编『明治天皇纪』第一卷、650～651 頁。

宣布国威于四方。"

如此这般，德川庆喜打算召开"藩主议会"，借此再度发挥其作为"政府"的职责；萨长两藩打算在"藩主议会"召开之前先行利用朝廷的权威和自身的武力建立一个新的政府。双方都认识到必然会有一场武力冲突爆发。

不仅是德川庆喜，就连土佐藩前任藩主山内容堂、越前藩前任藩主松平庆永等人也把大政奉还和王政复古分别视为同一政治改革的第一阶段和第二阶段。也是因为这个缘故，山内容堂和松平庆永才既支持大政奉还，又对王政复古表示了同意。

王政复古发生后的当晚，山内容堂和松平庆永在小御所会议上严正反对把德川庆喜排除在新体制之外。此时的土佐藩前任藩主山内容堂已被任命为"议定"，他在会上发言道：

> 此度变革一举，不仅阴险之所为过多，且于王政复古之初即擅弄凶器，甚为不祥，……一朝之间，厌弃疏远创建二百余年天下太平盛业之德川氏，……且内府公（庆喜）为使政令出于一途，建言王业复古之大策。当此需要人才之际，却令做此英明决断之内府公不得列席本会，甚失公意。应速命其进宫参见。①

然而如前文所述，萨摩藩、长州藩、安艺藩（广岛）以及部

---

① 吉田常吉、佐藤誠三郎校注『幕末政治論集』（日本思想大系 56）岩波書店、1976、538 頁。

分土佐藩人在大政奉还后没多久就已达成"倒幕"这个统一意见。十二月二十七日，在京都御所建春门（日御门）前，这四个藩在天皇御前举办了阅兵式。土佐藩约40人，安艺藩80人，长州藩400人，萨摩藩1500人参加，单从人数对比上就可以看出倒幕派内部的势力关系。由于土佐藩的前任藩主山内容堂反对王政复古这一政变，阅兵式将土佐藩的参加兵力限制在了最小范围。关于这场武力示威，土佐藩谷干城的回忆如下：

> 至（十二月）二十七日，萨长土艺四藩于日御门前举办观兵式，以供天皇御览。不愧是萨摩，服装帽子均为统一样式，先头立有英式乐队，演奏大鼓、小鼓、笛子等，挺胸抬头，御前运动，委实勇壮活跃，令佐幕者（亲幕府派）胆寒。萨摩之下有长州，长州之下有安艺，然我方（土佐藩）唯独两小队，服装不一，兵式为旧来之荷兰式。我辈相关军事人员，不胜遗憾。……各藩均只有步兵，唯独萨摩有一队炮兵行军于最后。如此盛大之观兵式，余平生未见。我方（土佐藩）政府颇为冷淡，不知战争之将至。①

关于阅兵式的具体场所，据谷干城回忆是在日御门，然而《明治天皇纪》却记载为建春门前。因为地址是在京都"御所"，按理说《明治天皇纪》的记载更为可靠。可是大久保利通的日记同样记载为日御门前。

---

① 　岛内登志衛編『谷干城遺稿』上卷、59頁。

虽然有可能建春门的别名就是日御门，但是笔者总担心会搞错。因为别无他法可以确认，于是笔者专程去了一趟"御所"。建春门位于建礼门的斜对面，门上什么字都没有，笔者专门参看了观光地图，并向仙洞御所的警察询问过，确定那里就是建春门。可惜御所的警察也不知道王政复古时的建春门是否叫作日御门。

本来笔者已经打算放弃，欲从"今出川御门"穿过相国寺，却赫然发现那里的御所地图旁边还有一张幕末时期的地图。该地图在建春门的位置写着日御门三个字，并且明确指出建春门当时被叫作日御门。因为确定了日御门就是建春门，笔者又去看了一遍建春门。确实，建春门前场地很大，足够四藩举办大约两千人的阅兵式。

而在四藩阅兵式举办前两天，幕府军刚刚烧毁了江户的萨摩藩藩邸。双方都明确表达了武力冲突的意图。事实上在阅兵式的第二天，西乡隆盛就把土佐藩的谷干城叫到身边说道："已经开始了。请尽快转告乾①君。"②

2 不彻底的"军队革命"

庆应四年一月三日（1868 年 1 月 27 日），鸟羽、伏见之战爆发。这是一场著名的以少胜多战役，幕府军 15000 人，萨长联军 4000 人，萨长联军仅用了两天时间就把幕府军打败了。这场战役

---

① 板垣退助的旧姓是"乾"。——译者注
② 島内登志衛編『谷干城遺稿』上卷、59 頁。

的胜利主要归功于谷干城在上文提及的，身着统一西式军服、配有军乐队和炮兵队的萨摩军。

接下来的发展同样广为人知。鸟羽、伏见之战取得胜利后，二月二十一日，以萨、长、土三藩将士为中心的"官军"向江户城进军。三月十三日，西乡隆盛和胜海舟展开了第二次会谈，德川家的老巢江户城就此实现和平交接，这就是史上著名的"江户无血开城"。

不过，"江户无血开城"并非全体"官军"顺理成章做出的决定。如本书第一章多次提及的那样，假如没有三年半前的胜海舟与西乡隆盛会谈，或许"官军"就会一举冲入江户城。正因为鸟羽、伏见之战的主力是萨摩军，萨摩军由西乡隆盛全权统帅，并且西乡隆盛自从1864年和胜海舟展开初次会谈以来，一直对胜海舟、大久保忠宽等幕府开明派心悦诚服，所以和平开城才能如此简单得以实现。即使在当代日本，西乡隆盛这类人物也是极为罕见。他一方面在政治上主张欧化主义，另一方面在人格上重情重义。

关于西乡隆盛的欧化主义，笔者已在第一章进行了详细论述。这样一个主张欧化主义的政治家铭记着三年半前胜海舟的教诲，对当时会谈中提到的大久保忠宽也是颇为尊敬。从他力排众议停止进军江户城可以管窥他的重情重义。为了使大家更加了解他的人格，请允许笔者多做一些说明。

和胜海舟会谈后的第二天，即三月十四日，作为整个东征军的"参谋"，西乡隆盛命令三军（东海道、东山道、北陆道）停止进军。对此，率领土佐藩兵等从东山道逼近江户城的东山道总督府表达了强烈的不满。土佐藩的谷干城当时担任该军的"大监察"，他在日记中回忆道：

> 旧幕府官员当中，胜安房（海舟）、大久保一翁（忠宽）、
> 山冈铁太郎（铁舟）尤为受到倚重。此等人员，表面恭顺，
> 实则鼓动暴徒脱逃，使其于四方起事。……近藤勇等人之脱
> 逃、起事，实因接受胜、大久保（忠宽）等人之指令。"近藤
> 勇被捕后，余曾于板桥宿阵地审问。对方承认受大久保一翁之
> 命令起事。"然而东海道军队并不介意，依旧相信胜安房等人
> 之语，万事因循。……西乡等人与胜安房谈判之时，曾经要求
> 旧幕府军交出城池以及一切器械、军舰等，然则城池虽交，船
> 却迟迟未交，且诸多器械已被带走。倘若官军更快调查，纵有
> 些许变数，必不至于成为后日之大患。墨守成规，放纵贼子，
> 全因（东）海道军失策所致。①

谷干城在日记中指出，"江户无血开城"后之所以又发生了会
津战争，主要原因在于西乡隆盛过度相信胜海舟和大久保忠宽。当
时谷干城在东山道总督府中的地位仅次于总督和参谋（板垣退
助），他算是"三把手"。从日记可以看出，他对萨摩藩兵所在的
东海道总督府相当不满。并且需要注意的是，西乡隆盛过度信任的
三位幕臣当中，有两位幕臣的名字曾在胜海舟与西乡隆盛会谈的相
关书信中出现过，西乡隆盛和吉井友实都曾表达过对胜海舟和大久
保忠宽的佩服之情。

---

① 島内登志衛編『谷干城遺稿』上卷、91 頁。

除此以外，还有一段轶事足可证明以西乡隆盛为中心的萨摩藩兵是多么信任胜海舟和大久保忠宽。关于如何惩处新选组队长近藤勇，萨摩藩和土佐藩曾经在意见上相互对立。

四月二十五日，新选组队长近藤勇被斩首。在此之前，土佐藩非常坚决地要求处死近藤勇，因为他们认定坂本龙马是被新选组暗杀的。代表土佐藩进行审讯的正是谷干城。为了让近藤勇承认新选组的反抗行径源自胜海舟、大久保忠宽等人的命令，谷干城甚至打算对其进行严刑拷打。然而平田九十郎作为萨摩藩的审讯代表却阻止了严刑拷打："倘若这个时候追究到胜海舟和大久保忠宽身上，恐怕会对（东）海道方面的和平过渡宗旨造成影响。"

当时的情形颇为严峻，就连有栖川宫大总督[1]也被卷入事件，萨摩藩和土佐藩也产生了对立的情绪。萨摩藩的伊地知正治甚至放言："这不仅仅是我们几个人的意见，而是我们整个萨摩藩的意见。如果你们不肯听取，那我们只好率兵返回。……看谁还能把大业接着完成！"[2] 也就是说，萨摩藩不惜暗示撤军，也要力图避免近藤勇事件牵连到胜海舟和大久保忠宽身上。

从 1864 年发生于胜海舟、西乡隆盛、吉井友实之间的会谈，到 1868 年的"江户无血开城"，再到该年四月的近藤勇审讯事件，我们可以看出，萨摩藩的大久保利通和西乡隆盛把胜海舟和大久保忠宽这两位幕臣视为未来明治新政府不可或缺的人才。关于这一点，佐佐木高行后来所写的日记可以加以佐证。明治三年

---

① 有栖川宫炽仁亲王被任命为东征大总督，相当于总司令，负责指挥东海道、东山道、北陆道这三支队伍。——译者注

② 島内登志衛编『谷干城遺稿』上卷、99～100 頁。

（1870），佐佐木高行被土佐藩推选为参议，他在该年九月二日的日记中写道：

> 私以为萨摩人信任胜（海舟）和大久保（忠宽），与长州人相反。大隈（重信）信任木户（孝允）……大隈手下（伊藤博文、井上馨等人）频频拥戴大隈。[1]

明治元年（1868）三月十三、十四日，西乡隆盛和胜海舟达成协议，约定"江户无血开城"，紧接着新天皇就在三月十四日当天发表"五条御誓文"，明确了新政府的基本方针。如前文所述，第一条誓文是"广兴会议，万机决于公论"。因为在这个时间点全日本诸藩都已形成"公论"，所以这条誓文并不新奇。

并且，尽管土佐藩和越前藩的"藩主藩士议会论"在鸟羽、伏见之战发生前拥有很大的影响力，然而随着江户城的和平开城，"藩主藩士议会论"的支持者急剧减少。就连越前藩推选出的"参与"中根雪江，在主张经由"公论"来决断德川庆喜的待遇时也表现出了矛盾之处。他向"议定"岩仓具视进言道，由于各藩藩主及藩士无法在公开的会议中畅所欲言，建议通过不记名投票的方式来决定德川家今后的俸禄。[2] 然而令中根雪江感到意外的是，虽然新政府接受了这个大步倒退的"公议会论"，不记名投票的结果却完全背离了中根雪江的期待，80%的藩主及藩士代

---

① 東京大学史料編纂所編『保古飛呂比　佐々木高行日記』第四卷、東京大学出版会、1973、420 頁。

② 日本史籍協会編『戊辰日記』329 頁。

表（"徵士"）要求把德川家的俸禄从原来的 800 万石降为 30 万石以下。①

如此一来，随着江户城的无血开城，主张把包括德川家在内的大名议会设定为国政中心的"公议会论"骤然失去了效力。这条产生于幕府末年的"万机公论"路线因为内战遭到了重大的挫折，而"五条御誓文"中的"广兴会议，万机决于公论"正是在这样的情况下公之于众，成为众所周知的明治立宪制的起源。誓文归誓文，直到 1890 年以后，"万机公论"体制才作为明治宪法体制真正获得实现，原因之一恰恰在此。

总而言之，鸟羽、伏见之战以来的内战是"公议会"构想受挫的原因，这点非常容易理解。那么我们是否可以按照这个逻辑，认定戊辰战争引发了"军队革命"？答案为否，至少从短期来看并非如此。

确实，历史上存在着这样一个构想，认为可以"内战"为契机，把关注点从"公议会"转向"军队革命"。"官军"攻下会津若松城（九月二十二日）后仅仅过了大约三周，兵库县知事伊藤博文就于十月十七日建言：

> 倘若乘此机会改北伐兵为朝廷常备队，授予总督、军监、参谋以下诸人相应之爵位，令其掌管士兵，士兵亦各有班秩（品级和官职），使其各得其所，多与欧洲各国兵制折中，继而重新改革我之兵制，由朝廷亲自统御……则内可遏制不逞之

---

① 日本史籍協会編『戊辰日記』353 頁。

徒，外可应对万国而不耻。①

在该意见书中，伊藤博文指出："海内之兵，没有比北伐兵更强者。"如伊藤所言，在这个时间点，戊辰战争已经进行了8个月，以萨、长、土三藩为中心集结而成的"官军"已经成长为当时日本最强的陆军。从这点来看，伊藤博文在这个时间点提议直接把"官军"重新整合为天皇的军队，实际上是很有道理的。

然而问题的关键在于"官军"本身。比起"官军"这个身份，士兵更倾向于将自己认定为"藩兵"。当他们从东北地区凯旋回到新都东京后，很快就相继撤离，回到各藩。

据谷干城日记记载，土佐藩兵十月十一日从庄内撤兵，二十四日抵达芝增上寺，部分人员留下，其他人员三天后借用英国船只返回土佐。而板垣退助等留下来的人员则于十一月二日从东京坐船出发，五号抵达高知。谷干城的日记记述了十一月五日解散队伍的情形，由此可知伊藤博文的建言还仅仅处于"画饼"的阶段。

（十一月）五日归（土佐）国。至公致馆，诸队得逢（藩主）召见。承蒙（藩主）慰劳，当场解散，诸人雀跃还家。余于今日拜谒年迈高堂，欢喜至极，竟至无语。今夕酒味尤其美哉。②

---

① 春畝公追颂会『伊藤博文传』上卷、412 頁。引用段落写于明治元年十月十七日。

② 岛内登志衞编『谷干城遗稿』上卷、172 頁。

对于研究幕末到明治初年政治史的学者而言,"官军"动向是个颇为复杂的研究对象。和土佐藩兵一样,戊辰战争的英雄西乡隆盛率领萨摩军团回到了自己的故乡,这一行为对明治初年的政治史造成了巨大的影响。①

如上文所述,戊辰战争中的"官军"主要由萨摩、长州、土佐的藩兵组成,各藩军事领袖都主张放弃"攘夷论",就连最晚改变立场的长州藩也在王政复古前两年不再坚持"攘夷论"。我们可以把这支"官军"统称为"戊辰军团"。而西乡隆盛作为"戊辰军团"的象征,早在1864年9月就已对胜海舟颇为推崇,并且吸收了佐久间象山的"富国强兵论"。

可是另一方面需要注意的是,虽然本书把西乡隆盛的主张归纳为"对等开国论",用以和"攘夷论""开国论"相区别,但是以西乡为首的萨摩军团未能向欧美展示军事实力,而是在对抗幕府的内战中大放异彩。在第一章中,西乡隆盛继承了佐久间象山的海防论;在第二章中,西乡隆盛又在陆军而非海军方面获得了极高的声望。可是到了明治末年,人们却普遍认为"陆军有长州,海军有萨摩"。如果1877年没有爆发西南战争,或许明治末年的人们也会认为"陆军有萨摩"吧。

明治四年(1871)废藩置县前后,萨摩、长州、土佐三藩陆军约有7000人驻扎在东京,这一动向给日本的内政外交造成了巨大的影响。

---

① 西乡隆盛在1873年率兵返回故乡鹿儿岛。——译者注

第三章

大藏官僚的诞生

伊藤博文（1841～1909）

受教于松下村塾，后随木户孝允参加攘夷运动。明治维新后在大久保利通的领导下致力于推动日本的近代化，并成为起草《大日本帝国宪法》的核心人物，为明治体制的确立做出了重要的贡献。

54

1 伊藤博文的大藏省论

戊辰战争这场"内战"导致大久保忠宽的"藩主议会"构想受挫，而王政复古后大藏省①官僚的诞生则阻碍了横井小楠"富国论"和佐久间象山"强兵论"的推行。在新成立不久的大藏省内部，他们认为要想在财政上支持"富国"和"强兵"，首先必须建立健全的中央财政。比如，时任大藏少辅的伊藤博文就在1871年的书信和意见书中表达了这一观点。

伊藤博文首先高度评价了大藏大辅大隈重信的功绩，认为大隈重信成功扭转了"由利财政"的恶劣局面。在此之前，由利公正主持发行了纸币，以为发行纸币就能立刻实现"富国"和"强兵"。明治四年七月十四日，伊藤博文给大藏省同僚井上馨写信，论述如下：

> 余又听闻越前经济家〔由利公正〕重新被委以民政。时至今日，朝中之人非但没有识人之慧眼，而且自身无法分辨施政之得失。如此赏罚不分，恐会有损天子圣贤之名。
>
> 如今朝廷之财务终于得以维持，功劳首推大隈。大隈率先评断是非，远见卓识。若听任三冈〔由利公正〕祸乱朝

---

① 1867年，日本设立了"金谷出纳所"，其后陆续改名为会计事务局、会计官，1869年改名为大藏省。在大藏省中，"大藏卿"（后改称"大藏大臣"）是最高长官，其下有大藏大辅、大藏少辅等职位。——译者注

廷，则全国人民只得怀抱小片纸张横死路边。铸造货币只会被外国人笼络，占尽利益。朝廷最终必将……面临损伤瓦解之形势。此皆因众人不知经济实理之故。在朝之人不知实理，唯独大隈一人早已料到，防患于未然，除去全国之灾害，方有今日之兴隆。众人不仅不如大隈这般远见卓识，其后但凡遇到艰难危害，皆交由大隈处理。尽管如此，朝中之人仍不懂品评人物，余不得不谓其眼光之差比之三尺小儿尚且不如。①

由利公正以为只要发行纸币"太政官札"就能使其与外汇等价通用。关于"由利财政"的失败，笔者不打算深入分析。此段文字和第二章土佐藩佐佐木高行日记（明治三年九月）之间的关联更值得注意。那段日记上说，萨摩藩信任胜海舟和大久保忠宽，长州藩则推崇大隈重信。当我们把伊藤博文的信和佐佐木高行的日记联系在一起时，我们就能理解伊藤博文生气的原因——萨摩藩的大久保利通被任命为大藏卿，而长州藩"推崇"的大隈重信却屈居人下。

伊藤博文在写给井上馨的信中表达了愤怒之情，写信的日期同样值得注意。该信写于明治四年七月十四日，废藩置县的诏书就是在这一天颁布的。废藩置县被认为是明治维新中最为重要的变革，然而在如此重要的日子，伊藤博文的注意力却完全集中到大隈重信的人事任命上。他迫切地希望大隈重信能够升任大藏卿，以便建立

---

① 春畝公追颂会『伊藤博文传』上卷、572～573页。

健全的中央财政。

伊藤博文在对美国进行了相关考察后，[1] 提议对大藏省进行职位改革。一方面，进一步增强大藏卿在政府内的发言权；另一方面，详细规定大藏卿下设租税、出纳、传票、正算、检查、造币、记录、纸币、统计、营缮、用度、刊行等"寮"（相当于现在的"局"）以及"课"（即科室）的分工体制。

倘若大藏省权力较弱，即使废藩置县后全国的地租统一交给中央政府，也无法保证财政支出的严格公正。倘若大藏省内部各局各科分工不够明确、监督体制不够严密，那么扩大大藏省的权力只会导致滥用。伊藤博文在致力于扩大大藏省权力的同时，还对权力的滥用保持着警惕。从他对"记录司"的相关论述可以看出他的心态。

由大藏省出纳之钱财，皆为政府之公共资金，源自日本全州所出租税。故一钱[2] 虽小，出纳时仍不可忽视。不仅要有会计相关文件作为证据，每份账册都应保存于记录司库内，留存千百年后，以使后世知悉当时之情况。此项事务尤为紧要。若如目前之情形，紧要证书堆埋于各寮各司书匣之中，纵使丢失也不顾及；出纳之账册虽为了解全州会计之根本文件，却仅薄薄一册，一旦丢失则全无他法推知数据。……他日文明程度大幅进步，国民选出代表加入议院，若被责难过去之会计，当此

---

① 1870 年末至 1871 年初，伊藤博文赴美考察货币制度。——译者注

② 1871 年的"新货条例"导入"圆"（日文汉字"円"）、"钱"、"厘"三种货币单位。1 圆 = 100 钱 = 1000 厘。——译者注

之时，大藏卿将从何种书册、何种证书探知支出情况，以答国民之问。①

不仅如此，从伊藤博文写给木户孝允的信件（八月五日）能够进一步看出他对制作出纳账簿的热情。

〔余在造币寮时〕，与会计相关之账簿，约有百余册业已制成制版所用之底稿，正命京阪雕刻师加以整备〔根据本次大藏省不健全规章而做〕，难道此番工作也将成为徒劳乎？②

对于不健全的大藏省章程，伊藤博文多次给大隈重信、井上馨、涩泽荣一、木户孝允写信表达不满。此时大隈重信已经升任参议，井上馨升为大藏大辅，涩泽荣一升为大藏权大丞，而木户孝允则是这几人共同拥护的人物。

从这些信中所批判的内容来看，刚从美国归来的伊藤博文对于大藏省的发展问题颇有见地，其高瞻远瞩甚至超过大隈、井上、涩泽、木户这四人。换个角度来看，伊藤博文之所以给这四人写信，恰恰是因为他相信他们能够理解自己的主张。明治四年（1871）七月，政府下令废藩置县，此后全国的财政支出和财政收入都由中央政府一手掌控。就是在这个时间点，日本已经诞生毫不逊色于今日的大藏官僚。

---

① 春畝公追頌会『伊藤博文伝』上卷、580 頁。
② 春畝公追頌会『伊藤博文伝』上卷、587 頁。

2　大藏省和其他省的对立

伊藤博文除了重视出纳账簿的制作整理，还很重视监督司和计算司的建设。监督司负责监督大藏省内部程序是否合法，计算司负责监督其他省的预算执行情况。此外，为了建立健全的财政，他还要求前述记录司加强对财政支出的审核力度。不难想象，他的这一立场必然经常与殖产兴业形成对立。虽然我们不能把殖产兴业等同于"松弛财政"，把大藏省严控财政支出等同于"紧缩财政"，但是殖产兴业和"松弛财政"、严控财政支出和"紧缩财政"确实存在着某种程度的关联。

随着废藩置县的实施，全国地租都上交中央，租税收入约为幕府时代的四倍。然而不仅是大藏省，陆军省、海军省、文部省、司法省都想把这笔钱用于他们各自的大计划。

一直以来，我们常常会把明治日本的近代化、欧美化和岩仓使团长达一年多的欧美视察关联起来。废藩置县后仅仅过了三个月，也就是明治四年（1871）十一月，48 位政府人员被派往欧美视察，其中包括岩仓具视（右大臣）、木户孝允（参议）、大久保利通（大藏卿）、伊藤博文（工部大辅）等在王政复古中立下汗马功劳的政要。这就是岩仓使团。

然而同样广为人知的是，为日本近代教育奠定重要基石的"学制"是在明治五年（1872）八月正式公布的；紧接着在同年十一月，奠定日本近代军队基础的"征兵令"也得到颁布。也就是说，当岩仓使团尚在欧洲考察之时，日本的"留守政府"断然实行了这两项重要制度。由此可以想象，当全国地租集中到中央政府之时，各省参与实施近代化政策的意愿空前高涨。

以司法省为例。明治五年（1872）四月，来自肥前（旧佐贺藩）的江藤新平开始担任司法卿。江藤新平对于司法制度的近代化建设颇为热心，意欲把"司法"提升到和"行政"（大藏省）以及尚未成立的"立法"（"身份制议会"）同等重要的地位。1873年3月，佐佐木高行司法大辅提前离开岩仓使团回到日本，江藤新平对佐佐木高行信心十足地说："前年以来，司法省取得了很大的进步。百业俱兴……欧美各国若是看到我们今天的飞速进步估计会吓一跳吧。你怎么看呢？"①

综上所述，伊藤博文致力于通过大藏省改革来建立健全的中央财政，江藤新平则对司法制度改革的进展状况甚感满意。当"留守政府"掀起一股开化热潮时，作为岩仓使团唯一的欧美通，伊藤博文本人正远在欧洲考察访问。那么"留守政府"中的大藏省又在做些什么呢？

伊藤博文出国以后，挑起大藏省大梁的不是他推崇的大隈重信，而是井上馨大藏大辅和涩泽荣一大藏大丞。伊藤博文和井上馨是同辈相交，至于涩泽荣一，当时恐怕还没被伊藤博文放在眼里。② 然而，正是这两位大藏官僚在伊藤博文出国期间阻挡了陆军

① 東京大学史料編纂所編『保古飛呂比　佐々木高行日記』第五卷、380頁。
② 涩泽荣一出生于武藏国血洗岛（位于现在的埼玉县）的豪农家庭，是明治、大正时期的大实业家，日本财界的领军人物。1869年涩泽荣一到大藏省任职，1873年因政见不合而辞职，此后才走上人生巅峰，参与创设了第一国立银行、王子制纸、大阪纺织等500多家公司。——译者注

省、文部省、司法省的近代化改革之路。

西乡隆盛和板垣退助这两位参议不明白陆军、文部、司法三省与大藏省的对立意味着什么尚且情有可原，毕竟两人都是在废藩置县前的三藩献兵（参见第四章）时凭借戊辰战争的军功晋升为参议。然而被伊藤博文热切推崇的大隈重信居然在晋升参议之后转而站在了大藏省的对立面，这就让他们难以接受。与井上馨共同留守大藏省的涩泽荣一回顾道：

> 当时的大藏省相当于掌管了今天（昭和初年）大藏、内务、农商务三省的全部政务，也就是说，井上相当于一手掌握了全天下的支配权。〔井上〕侯在性格上属于一旦确立信仰就勇往直前的类型，在政界又因独握大权招致他人的妒忌，故而遭到了众人的攻击。……西乡、板垣、大隈这三位参议当时都忙于排挤井上，他们计划着把好不容易积攒下来的货币（金、银）花出去。可是〔井上〕侯和我都主张把量入为出作为财政的基本原则，不愿屈服于参议们的计划。如此一来必然令参议们感到不快。特别是大隈伯，[1] 一开始是帮着井上侯，努力疏通井上和参议们的关系，可是半道上却转而和参议们持相同政见了。至此，井上侯终于变得难以忍受，于是决意辞职。[2]

---

[1] 大隈重信于1887年获封"伯爵"，所以涩泽荣一在回顾过去时称其为"大隈伯"。——译者注

[2] 井上馨侯伝記編纂会『世外井上公伝』第一卷、内外書籍、1933、524～525頁。

当时政府的最高机关是正院，相当于今天的内阁，最高长官是太政大臣，其下有左大臣、右大臣和参议。正院以下设有大藏省等省。各省之中，大藏省与司法、文部、陆军三省因预算问题产生了日益严重的对立。而正院则站在司法、文部、陆军三省那边，一齐对付大藏省。

举例而言，我们可以从明治六年度（1873年度）的预算中看出大藏省与三省的对立。当时陆军省要求获得1000万日元的预算，大藏省只给了800万；文部省要求获得200万日元的预算，大藏省减到了130万；司法省要求获得200万日元的预算，大藏省仅仅同意拨给45万日元。也就是说，陆军省和文部省分别被削减了20%和35%，司法省则被削减了77%的预算。

如上文所述，陆军省、文部省、司法省的预算要求全都符合"文明开化"这一主旨。比如说，明治四年（1871）十一月发布的有关征兵令的太政官告谕指出："士非从前之士，民非从前之民，均为皇国一般之民。"这句话歌颂的正是"四民平等"的理念。

此外，明治五年（1872）八月，文部省在"学制"中宣称："必使一般人民之中，村无不学之户，家无不学之人。"国民皆兵、国民皆教育都是当时的口号。而司法省设立地方裁判所则是为了让所有国民在家附近就能找到法院，可以说这是为了实现法律上的平等。

然而如上文所述，伊藤博文等人在废藩置县后致力于建立健全的中央财政。从某种意义上来说，与陆军省、文部省、司法省相对抗的大藏省正是在努力完成"文明开化"最重要的课题。关于这一对立局势，如井上馨明治五年（1872）八月所言："废藩以前就已饱受世人之诽谤。"

本书第一章描述了元治元年、二年（1864、1865）的重要转折点，从"尊王攘夷"到"对等开国"。当时，"公议会"与"殖产兴业""富国强兵"浑然一体，组成了"对等开国"这一主张。仅仅过了七年，也就是到 1871 年的废藩置县时，明治政府内部因"对等开国"的具体内容发生了激烈的对立。

3 健全财政论的败北

倘若仅仅依靠西乡隆盛、板垣退助等参议，以及文部省和以江藤新平为中心的司法省的力量，纵使他们能对大藏省进行各种责难，也没有能力取而代之、发展经济。而已经升任参议的大隈重信虽然擅长经济领域，却因来自肥前，不像萨摩、长州、土佐出身的政要那般拥有庞大的权力基础。所以即使大隈重信能把长州藩的井上馨赶出大藏省，也无法执大藏省之牛耳。然而他的运气很好，就在这时，一位名叫五代友厚的大阪实业家开始接近大隈重信。五代友厚原属旧萨摩藩的倒幕派，对于欧美经济颇为了解。1873 年 4月，大隈重信与井上馨开始发生正面冲突时，五代友厚给他写了一封颇具挑唆意味的信。

> 此番大藏大辅〔井上馨〕聚集诸地方官员召开地方官大会。京阪地方官必定计策百出，务使清盛①〔对井上馨的蔑

---

① 平清盛（1118~1181）是平安时代末期的权臣，1167 年成为太政大臣，建立了平氏政权，可谓权倾一时。五代友厚用"清盛"代指井上馨，恰恰反映了井上馨当时权力之大。——译者注

称〕重新夺回司法之权。……更有人频频鼓吹道，清盛若是
不能升任参议，则政府之中无人胜任，此皆清盛所造之声
势。……余常私下慨叹，阁下〔大隈重信〕未免忍耐过
多。……恕余直言，如今急需阁下狠下决断。①

　　如前文涩泽荣一所述，因为当时的大藏省还吞并了内务省的前
身——民部省，所以全国知事会（"地方官大会"）② 也归大藏省
管辖。另外，地方裁判所过去由各地知事掌管，后来江藤新平把地
方裁判所的管辖权转移到了司法省。因为这个缘故，地方官大会才
计划要"重新夺回司法之权"，而司法权重新回到知事手里实际上
就意味着重新回到大藏省的手里。总而言之，五代友厚的这封信不
仅明确揭示了当时大藏省的权力之大，同时介绍了以井上馨为首的
大藏省与以江藤新平为首的司法省的对立背景。全信不过短短十几
行，却让我们了解到如此重要的史实。

　　然而对于笔者而言，更为重要的是早在 1873 年 4 月，大隈重
信就和五代友厚联手，计划把井上馨赶下台。此后，大隈重信自
1873 年 10 月到 1880 年 2 月一直担任大藏卿一职，致力于推进积极
的财政政策。在此期间，大久保利通（内务卿）、黑田清隆（开拓
使长官）、五代友厚这三位萨摩政治家一直是大隈重信的支持者。

　　长州藩的井上馨辞去大藏大辅一职是重要的转折点，从此以
后，明治政府由紧缩财政转向积极财政。毋庸赘言，此处的"积

---

① 　財団法人日本経営史研究所編『五代友厚伝記資料』第一巻、東洋経済新
　　報社、1971、176 頁。此外，该书编者误以为这封信写于明治五年。
② 　"地方官大会"的日文汉字是"地方官会同"。——译者注

极""紧缩"等词语都不包含价值判断。日语中若要正面评价"紧缩财政"，会称之为"健全财政"；若要负面评价"积极财政"，会称之为"放漫财政"（散漫的财政）。而要判断财政路线正确与否，则需充分考虑时间、立场等因素。比如说，始于 1882 年的"松方财政"① 作为"紧缩财政"虽然在日本近代史上备受好评，但是在当时的农村地主看来，这恐怕是有史以来最为苛刻的财政。

不管怎样，1873 年 5 月，井上馨和涩泽荣一辞去大藏省的职位意味着"紧缩 = 健全财政"的败北。两人辞职时曾把提交给政府的建议书发表在两三份日文报纸以及横滨的英文报纸上。如此一来，国内外都知道了废藩置县后中央各省的"开化热潮"以及政府财政的危机。

关于政府财政的危机，可以用他们提交的建议书中罗列的具体数据进行说明。

今若大致估算全国财政收入，不过四千万日元而已。倘若预先推算本年所需之经费，纵无任何突发变故，亦将高达五千万日元。如此一来，对比一年收入支出，则有一千万日元之亏空。且维新以来国事繁多，年年累积，已有一千万日元以上之负债，而其他官省旧藩之纸币以及中外负债则将近一亿二千万。故大致算来，政府现今之负债实已高达一亿四千万日元，然而偿还之法尚未确立。②

① 出身萨摩藩的松方正义于 1881 年 10 月至 1885 年 12 月担任大藏卿。——译者注
② 井上馨侯伝記編纂会『世外井上公伝』第一卷、557 页。

井上馨作为大藏省的实权者，选择公开具体数据来揭示财政危机的实际情况。即使他的目的是为了敲响财政危机的警钟，但这种行为毫无疑问会增大国内外对日本财政的不信任之感，结果只会进一步加深财政危机。由于井上馨把公务上获取的各种信息刊载到报纸上，司法省临时裁判所判处井上馨支付 3 日元的罚金，这一量刑未免过轻。

不过对于历史研究者而言，井上馨和涩泽荣一的"胡作非为"反而提供了极为珍贵的史料。

第一，假如早在 1873 年这个阶段，政府就已背负着一亿二千万日元的债务和每年一千万日元的赤字，那么由大久保利通推动的赫赫有名的"殖产兴业"必将宣告破产。况且在井上馨和涩泽荣一辞职之后，1874 年的"台湾出兵"以及 1877 年的大内乱（西南战争）导致大久保利通的内务省和大隈重信的大藏省需要更多的临时费用。由此看来，松方正义于 1880 年代实施超级紧缩的财政也是必然中的必然。

第二，虽然听起来似乎有些矛盾，但是两人的建议书恰恰暗示了 1873 年这一阶段的大藏省在政治上和社会上都不具备实施紧缩财政的可能。如下文建议书所述，当时的"文明开化热潮"空前高涨。

> 若仅讲求政理，凡爱国之人无不期望日本如欧美诸国这般实施文明之政治。现今为官之士，未踏外国之国土，未见外国之实景，仅靠译书、照片提供之信息，就已奋然兴起，欲与之〔欧美诸国〕相抗。何况每年客游海外者乎？自海外归来者，

或曰英国出类拔萃，或曰法国更胜一筹，或曰荷兰、美国、普鲁士、奥地利与我相比皆有所长。街区、货币、开拓、交易自不待言，兵、学、议〔言论〕、律，乃至蒸汽、电信、衣服、器械等，但有有助于我国文明者，必巨细无遗加以引入，以求我国万事俱备也。[1]

文久、元治、庆应都是幕末时期的年号。若是只看年号，文久三年似乎和井上馨写建议书的明治六年相距甚远。然而就是在文久三年，也就是 1863 年，佐久间象山曾经根据一幅普鲁士出版的世界地图来计算全世界铁路的普及程度。而井上馨写建议书的明治六年换算成公历是 1873 年。换言之，十年前日本人从字里行间努力读取和想象欧美文明的结晶，仅仅十年之后，从各国返回的日本人开始热切要求政府立刻引入欧美文明。另外，文久三年的下一年，即元治元年，就连建议书的作者井上馨自己也正为了英、美、法、荷四国舰队和长州藩尊王攘夷派的停战事宜而坐立不安。元治元年换算成公历是 1864 年，仅仅过了 9 年，井上馨就在报纸上公开发表了实施紧缩财政的建议书。

4　紧缩财政与地方官

前文引用了五代友厚挑唆大隈重信攻击井上馨的信件。五代友厚在信中讲到，井上馨召开地方官大会，并且获得了全国知事的支

---

[1]　井上馨侯伝記編纂会『世外井上公伝』第一卷、552 頁。

持。关于这一点，笔者曾在自己过去的著作中指出，在藩阀政府内部，井上馨最为明确地表达了对于立宪政治的理解。比如说，明治天皇在1875年4月颁布了《渐次建立立宪政体之诏书》，当时井上馨发挥了极大的作用。

再者，1881年1月，"热海会议"① 召开，井上馨是该会议的组织者。以此为契机，福泽谕吉和交询社开始成为自由民权运动的一大支持力量。其后，1889年2月明治宪法公布之际，由于藩阀政府公然否定政党内阁，② 当时的农商务大臣井上馨决意尝试自己组建"自治党"。

如上所述，井上馨确实相当支持立宪政治。就是这样一位政治家，在1873年4月召集全国各县知事开会，以大藏大辅的身份担任会议的议长。换言之，当参议和其他几省的长官纷纷攻讦大藏大辅井上馨掌握全国财权、作风专制的时候，井上馨作为一名立宪政治家已经开始践行他的理念了。

不过需要指出的是，虽然井上馨自1873年的地方官大会起开始践行他的立宪政治观，但是该会议同时也处于第一章、第二章所探讨的"身份制议会"构想的延长线上。按道理，废藩置县后的知事已经和过去的藩主截然不同，他们仅仅是一介官僚，需要经由

---

① 1881年1月，伊藤博文、井上馨、大隈重信这三位参议在静冈县热海召开会议，以自由民权运动为背景，三人就国会开设、报纸发行等问题交换了意见。——译者注

② 明治宪法，即《大日本帝国宪法》，该宪法直到1947年才被废止。另外，虽然1885年末末内阁制度就已建立，但是1889年颁布的明治宪法却未对内阁、内阁总理大臣（首相）进行明文规定，这就为后来日本军部无视政府的行为埋下了隐患。——译者注

新政府任命，统一归大藏卿（后来的内务卿）管辖。因为他们只有"官职"没有"身份"，所以严格意义上来讲，不能把他们参加的全国会议称作"身份制议会"。

但是从另一个角度来看，知事所管辖的地区和过去的藩主没有什么大的差异，而且"士族"和"平民"都没有选举知事的权限。即使1889年明治宪法体制建立后，日本近代史研究者最多只会把该体制评定为"拟似立宪制"，因为在这个体制当中，只有50万士族和平民可以选举众议院议员。

与1890年召开的第一届帝国议会相比，这场召集了全国各地知事，且知事由政府任命的"地方官大会"，更为接近1863年大久保忠宽提出的"大公议会"乃至1867年大政奉还时的"上院"构想，即"大名会议"。

如此看来，1873年5月井上馨辞职，不仅意味着紧缩财政论的失势，同时还使地方官大会遭到了重大的挫折。事实上，该会议虽然把各地知事召集起来了，但是还没得出任何结论就被解散了。

综上所述，本章重点探讨了井上馨担任大藏大辅时期的权倾一时，以及参议和各省的反对声。在这场对立里，幕末开国论中的"富国"和"强兵"未受波及，争论的焦点集中在明治四年废藩置县后突然爆发的"开化热潮"和全国统一后突然强行建立的中央财政。

可是，当时的明治政府还面临着一个非常重要的问题，即"强兵"的实现问题。一方面，为了顺利实现废藩置县，萨摩、长州、土佐动员6000多名士兵组建了"御亲兵"；另一方面，陆军省致力于实现国民皆兵（征兵制度）。第四章笔者将重点讨论这个问题。

胡刚/绘

第四章

三支"官军"与"征韩论"

西乡隆盛（1828～1877）

出生于萨摩藩下级士族家庭，跟随藩主岛津齐彬前往江户，后来就任大总督府参谋，指挥军队武力讨伐幕府，一度晋升为陆军元帅兼近卫都督、陆军大将。1873年因坚持"征韩论"遭到反对辞职返乡，1877年发动西南战争，最终在城山兵败自杀。

1 "御亲兵"与镇台兵

众所周知，明治四年（1871）二月，萨摩、长州、土佐三藩贡献兵员整合成"御亲兵"。明治政府正是依仗这一武装力量才得以在同年七月十四日断然实施废藩置县。关于"御亲兵"的总人数，一般号称是"1万人"，《明治天皇纪》则记载为"兵员约8000人"。①

但是《明治天皇纪》还记载道：萨摩藩献出步兵4大队、炮兵4队；长州藩献出步兵3大队；土佐藩献出步兵2大队（实施时是1大队）、骑兵2小队、炮兵2队。因为炮兵队和骑兵队的士兵总量不到步兵队的1/10，所以我们先单独计算一下总计9大队的步兵队人数。②假如按照当时各藩常备兵的体制，步兵1小队为60人，1大队为600人，也就是说，御亲兵的步兵总数应为5400人。别说1万人了，连《明治天皇纪》记载的8000人都远远没有达到。

《明治天皇纪》没有写明萨、长、土三藩的步兵1大队到底有多少人，只是罗列了总数和队伍数，记载方式颇有些随意。正当笔者苦恼之时，突然想起大岛明子发表的论文——《御亲兵的解散

---

① 宫内厅编『明治天皇纪』第二卷、411页。

② 作者在原文写为"步兵队总计8大队"，却又在紧接着的后文写道，"御亲兵步兵数为9大队5400人"，两页后又写为"步兵数4800人"，疑似混淆数据。因此译者将此处的"8大队"修改为"9大队"，并将"步兵数4800人"改为"5400人"，以符合作者最终计算的各种数据。——译者注

和征韩论政变》。①

虽然大岛明子的这篇论文仅有短短 26 页，却在重新探讨明治政治史的过程中提出了三个重要的见解。第一，西乡隆盛等人名为"征韩"，实际上的目标是"征台"。这和笔者多年前提出的观点一致。②

第二，明治四、五年，御亲兵被改组为近卫兵，笔者将其称为"第一官军"；而由东京、大阪、仙台、熊本这 4 个镇台③整合而成的军队则被笔者称为"第二官军"。大岛明子在其论文中着眼于两支"官军"的竞争和对立，通过对比两者的整编过程，探讨了明治初期的政治史。

如本书第二章所述，在明治元年的戊辰战争中，萨长二藩藩兵在鸟羽、伏见之战立下了汗马功劳。土佐藩兵虽然落后于萨长二藩，却也在进击江户城时于甲府打败旧幕府军，取得战功。御亲兵这支"第一官军"就是由上述三军组建而成。"江户无血开城"后又有若干战事爆发，东北战争④时，诸藩藩兵归顺政府，构成"第二官军"的四镇台兵正是来源于此。其中，熊本镇台兵尤为有名，他们曾在 1877 年的西南战争中遭遇萨摩军的猛攻。

① 大島明子「御親兵の解隊と征韓論政変」犬塚孝明編『明治国家の政策と思想』吉川弘文館、2005。

② 坂野潤治『近代日本の国家構想：1871～1936』岩波書店、1996。

③ 镇台是明治初期的常备陆军，明治四年四月（1871 年 6 月）设有东山道镇台（本营在石卷）和西海道镇台（本营在小仓）。同年七月，明治政府宣布废藩置县，自此全国镇台都归明治政府直辖。1888 年镇台被废止，改为师团制。——译者注

④ 东北战争是戊辰战争中部分战役的统称，包括本书第二章提到的会津战争等。——译者注

第三，大岛明子在论文中提供了明治四年三月到五月期间由萨、长、土三藩藩兵组建而成的"御亲兵"的具体数据，即步兵5649人、炮兵539人、骑兵87人，总计6275人。所谓的1万御亲兵真正算起来不过6275人。

因为大岛明子专程去防卫厅防卫研究所图书馆调查了相关数据，所以这个数据应该没有什么问题。之前笔者推测步兵人数5400人是按1小队60人来计算的。按照大岛明子提供的数据来看，可能1小队有64人。另外，战争电影和刑侦剧中常能看到两人背靠背各拿一支枪戒备的场景，原因在于两人一组比较安全。近代枪队的最小单位是两人一组，所以研究者普遍认为一分队应该是16人，而不是15人。如此算来，御亲兵步兵9大队应为5760人，这就和大岛明子所说的5649人比较接近了。

废藩置县后一个多月，明治四年（1871）八月二十日，政府在全国设立了4个镇台，并将各藩藩兵整编进去，这就是笔者所谓的"第二官军"。其中，东京镇台7320人，大阪镇台4800人，镇西镇台（熊本）2040人，东北镇台（仙台）840人，总计15000人被整编进政府军。①

1873年1月10日，日本发布征兵令。毋庸赘言，这是一场极为重要的改革，直到此时我们才可以把"官军"②真正改称为政府军。此后三年，明治政府计划征招将近32000名农民兵，并在名古

---

① 此处笔者按1小队60人、1大队600人来换算，这些只是步兵的数据。宫内厅编『明治天皇纪』第二卷、529页。
② "官军"一词是指隶属于天皇、朝廷的军队。在戊辰战争期间，新政府军往往被称为"官军"，与旧幕府军相对。——译者注

屋和广岛设立了镇台。1873 年 1 月的《征兵令附录》计划征兵数
量如下：

> 东京镇台 7140 人（一年征招 2380 人）
>
> 仙台镇台 4460 人（一年征招 1486 人）
>
> 名古屋镇台 4260 人（一年征招 1420 人）
>
> 大阪镇台 6700 人（一年征招 2234 人）
>
> 广岛镇台 4340 人（一年征招 1446 人）
>
> 熊本镇台 4780 人（一年征招 1594 人）[①]

　　一算可知，以上数据是各镇台计划三年后达到的兵员数量。

　　问题在于，政府 1873 年打算主要从农民中征兵，而明治四年
（1871）八月被整编进四个镇台的兵员却来自旧藩的常备兵。

　　举例而言，熊本镇台经由明治四年的整编，共有 2040 名士族
兵。假如按计划从 1873 年开始连续三年征兵，预计征招 4780 名农
民兵。士族兵和农民兵相加，熊本镇台兵可达 6820 名。因为 6820
名士兵当中包含炮兵、工兵等其他兵种，即使只计算步兵数量，也
大概能达到 5800 名。[②]

　　然而征兵令施行了整整 4 年后，西南战争爆发（1877 年 2
月）。据记载，当时熊本镇台"城兵约有 2400 名"。[③] 就算熊本镇
台有分营，并非所有镇台兵都在熊本城，这个数据和前文预估的数

---

① 松下芳男『徵兵令制定史』内外書房、1943、158～162 頁。

② 笔者根据松下芳男书中数据进行的推算。松下芳男『徵兵令制定史』、163 頁。

③ 根据权小检事志方之胜写于 1877 年 2 月 25 日抵达熊本城的报告。

据也未免相差太大。

那么有没有可能 4 个镇台的 15000 名士族兵全被后来征招的农民兵代替呢？如果发生了这样的情形，因为各藩已不存在，士族兵将无处可去，继而沦为浪人。但是这个假设并不存在，因为史料上没有相关的记载。所以笔者认为，上文列举的明治四年的士族兵数量和 1873 年的农民兵数量都只是计划数量，实际上 6 个镇台征招的士族兵和农民兵远远少于这个数量。

姑且不论数量如何，倘若我们把征兵令施行后 6 个镇台征招的农民兵称为"第三官军"，那么 1873 年的明治政府总共就有三支"官军"了。"第一官军"是近卫兵，约有 6300 人，他们是由御亲兵整编而成；"第二官军"是旧藩兵，约有 15000 人，他们是在戊辰战争中归顺了朝廷；"第三官军"是农民兵，约有 32000 人，他们是从 1873 年征兵令施行起被政府征招入伍。

这三支"官军"总共约有 53000 人。假如他们各司其职，通力合作，至少在陆军方面应该能实现"富国强兵"中的"强兵"。一旦确立了"强兵"的基础，那么明治新政权就可以安心致力于"富国"和"公议舆论"的实现。然而现实却并非如此。

2 近卫兵的外征论

面对 1873 年的"征韩论"之争以及 1874 年的"台湾出兵"乃至其后的东亚侵略论，在三支"官军"当中，构成"第三官军"的"征募兵"（虽然"征募兵"听起来很奇怪，但是当时就是这样称呼的）反应最为冷淡，而构成"第一官军"的近卫兵则尤为关注。听起来这种情况似乎很正常，可是从各个官军的设立目的来看，按道理应该是"第三官军"最为关注，"第一官军"漠不关心。

御亲兵和四镇台兵设立之后的明治四年（1871）十二月，兵部大辅（次官）山县有朋、兵部少辅川村纯义、西乡从道向正院提交了一份请求引入征兵制的意见书。在这份著名的意见书里，有一点特别值得注意，即国民皆兵的目的不在国内，而在国外。也就是说，御亲兵的职责是守卫皇居；四镇台兵的职责是抵御国内的叛乱；新设立的征募兵则是为了对抗外敌。

当时戊辰战争刚刚结束三年，最强的军队是由萨、长、土三藩藩兵组成的御亲兵，其次是四镇台兵。意见书把这两支军队的职责定位为守护皇居和维护国内治安，另行征召农民组成征募兵，主要用于对抗俄国这个假想敌。对于当时的士族和农民而言，这种军队定位非常出人意料。意见书相关内容如下：

> 试论天下现今之兵备，所谓亲兵，实为保护圣体守护禁阙〔皇居〕而已，四管镇台之兵总共二十余大队〔约 15000 人〕，此为镇压国内，而非用于外患。海军则不过数只战舰，亦尚未完备，不足以对外。……今，皇国定其制，全国男子，满二十岁、身体强壮、家无故障、宜充兵役者，无论士族庶人，应编入队伍，期年之后，可使轮番归家。①

---

① 大山梓編『山県有朋意見書』、44 頁。

在此说句题外话。陆海军中枢部门在这份主张国民皆兵的意见书里把俄国视为假想敌，把德国视为范本，这点非常值得深思。也就是说，在1871年，"西越满洲之境，活动于黑龙江上下"的俄国已经被日本陆军视为最大的威胁。[1] 而德国之所以被视为国民皆兵的范本，原因在于明治政府的高官关注世界局势，已经注意到一年半前德国在普法战争中的胜利。

言归正传。在笔者所说的"三支官军"中，最想和俄国、中国一战的是"御亲兵"，虽然他们被定位为"守护禁阙而已"。而且当时日本陆军的最强部队——萨摩军团也在御亲兵里。此外，一些政府要员常被误以为是"征韩论"的支持者，实际上他们不仅仅把目标局限于朝鲜。

1873年10月，"征韩论"之争导致明治政府分裂。在讨论这个历史事件时，时任参议、近卫都督的西乡隆盛的一封信是学者必然要引用的史料。信件写于同年8月3日，收信人是参议板垣退助，其中一节如下：

> 近年副岛氏〔副岛种臣，外务卿〕归朝，[2]〔与中国之〕谈判渐次细化，因而余以为台湾之事也应速做决断。世人为此议论纷纷，余亦收到数人之意见。毕竟，讨幕之根源、维新之

---

① 大山梓編『山県有朋意見書』、46頁。

② 1871年10月，琉球宫本岛岛民因遭遇台风漂流至台湾南部，其中54人遭当地居民杀害。1873年，外务卿副岛种臣作为特命全权大使前往中国交换《中日修好条规》批准书，并就此事进行交涉。1874年，日本以宫本岛岛民被杀之事为借口，出兵攻打台湾。这一连串事件总称"牡丹社事件"，日文文献则称为"台湾出兵"。——译者注

根基在于摆正名分条理之义。如今倘若不能摆正上述事件之名分条理，则必有人责难吾等讨幕并非真正出于大义。若被责难，闭口不答之外，别无他法。①

笔者多年前就已指出，萨摩军团中心人物、熊本镇台司令长官桐野利秋最为重视的不是征韩，而是征台。② 关于这一点可以参见当时陆军少将谷干城的日记，他于 1873 年 4 月接替桐野利秋成为熊本镇台司令长官。因为这段回顾非常重要，所以请允许笔者大篇幅引用。

明治六年五月，余接替桐野前往熊本赴任。自大阪率领十九大队出行，以此为模范，精选以往二大队之成员合为一大队，按法国编制整编。整编大致成形之后，巡视鹿儿岛营所，……返回熊本，……本欲取道土佐上京，刚回土佐不过两日，听闻东京朝议〔10 月的"征韩论"之争〕情形，于是即刻赶赴大阪，接到电报命令，要余立即返回熊本镇台，以镇压舆情。于是自伏见出发，返回镇台。当时邮政交通颇为不便，小仓、佐贺、长崎尚可收发电报，熊本则无法通信。故而纵然听闻诸参议对"征韩论"意见不一，乃至递交辞表，萨、土士兵几近瓦解一事，亦难以知晓其中原因。

① 板垣退助監修『自由党史』上巻、岩波文庫、1957、65 頁。
② 大久保利謙他編『日本歴史大系』第四巻、山川出版社、1987。

此前台湾蕃人杀害琉球四十余人,抢劫小田县漂流民。[①]
桐野氏熊本在职期间,曾派鹿儿岛分营长桦山〔资纪〕前往
台湾侦查,意在举兵征讨。……如今桦山氏侦探报告书送至。
吾等皆以为早晚将用兵于此地,岂料内阁破裂竟因征韩之论而
起。桐野氏返京〔1873 年 4 月〕之后,曾向熊本镇台十一大
队队长池田应助寄信,告知不久之后台湾有事之时,必亲自西
下。且信中未曾就朝鲜问罪之事阐述一言,可知朝鲜问罪之事
乃突发事件。……〔12 月 25 日上京之时,〕余自西乡大辅
〔西乡从道,陆军次官,西乡隆盛的弟弟〕处得知征韩论破裂
及萨、土兵瓦解之始末,据说萨兵瓦解颇为凶暴。只道西乡
(隆盛)既然返乡,吾等也要返乡。视返乡为轻而易举之事,
营中只剩一片狼藉。[②]

想必读者已能明白笔者之所以引用这段长文的用意。1873 年 4
月,谷干城和桐野利秋职位互换,谷干城出任熊本镇台司令长官,
桐野利秋出任陆军裁判所长官。因此,谷干城日记中关于桐野利秋
的信息较为可信。并且,从戊辰战争到西南战争的大约十年间,桐
野利秋一直是西乡隆盛的左膀右臂。然而谷干城却在日记中指出,
他只知道桐野利秋支持"台湾出兵",不相信他会是"征韩论"的

---

① 1872 年 10 月,小田县居民 4 人乘船时遭遇台风,漂流到台湾时遭到抢劫。
后来被台湾居民陈安生、商人李成忠护送至当地政府,后经福州返回小田
县。这一事件加剧了日本国内征讨台湾的呼声。如今日本没有小田县,小
田县位于现在的冈山县西部、广岛县东部。——译者注
② 島内登志衛編『谷干城遺稿』上卷、421~423 頁。

支持者。

不仅如此，当西乡隆盛辞去近卫都督之职返回故乡鹿儿岛（萨摩）时，一大批萨摩出身的御亲兵也跟着返乡。这些御亲兵后来的行为同样反映了西乡隆盛的征台倾向。谷干城从西乡从道那里了解到，这些御亲兵返回萨摩的动机相当单纯，即"西乡既然返乡，吾等也要返乡"。因为陆军次官西乡从道是西乡隆盛的亲弟弟，而且谷干城当时不得不返回熊本镇台以稳定军心，所以这些御亲兵返乡的动机非常可信。毕竟，西乡从道不可能专门编造谎言欺骗谷干城。

至少可以确定的是，政府否决"征韩论"并非这些御亲兵返乡的唯一理由。事实上，翌年（1874 年）5 月"台湾出兵"之时，约有 300 个萨摩人加入了志愿兵，其中包括之前返乡的这些御亲兵。也就是说，比起"征韩论"，构成御亲兵核心力量的萨摩戊辰军团更加重视"征台论"。关于两个"外征论"的区别，本章第 4节将接着讨论。

3　征募兵与士族

如上文所述，明治四年（1871）兵部省主张引入征兵制的目的是为对外战争做好准备。然而真正热心对外战争的却是负责守护皇居的御亲兵。征兵令征招来的农民反而最讨厌和外国打仗。比如说，1873 年 3 ~ 7 月发生了多起反对征兵令的暴动，史称"血税一揆"，原因之一即在于农民的反对。

暴动主要发生在京都以西的 9 个县，规模较大，每次约有

1000 至 1 万人参加。因为"第二官军"四镇台兵不可能每次都及时赶到，所以有些县还动员了警察以及旧藩士族参与镇压。这种场景相当讽刺，发起暴动的是国民皆兵的主要对象——平民，参与镇压平民的却是被平民夺走当兵特权的群体——士族。其中，爱媛县的一则告谕尤其值得注意。该告谕写于 1873 年 6 月 28 日，相关内容如下：

> 有人以为选中入伍者，或将投送外国，或将用于征伐朝鲜、台湾。应知本次征兵，实为设立应对紧急状况之预备兵，职责与今之镇台分营军队相差不大。[1]

这则告谕蕴含的信息和本章第 2 节兵部省的意见书内容截然相反。兵部省意见书指出，御亲兵守护皇居，镇台兵镇压国内，征募兵用于"对外"。

意见书提到了"预备兵"这个概念，是指当日本和外国打仗时，会动员服满两年兵役的士兵参战。由此可见，暴动者准确理解了征兵的目的，知道一旦入伍，就有可能被投送到外国战场。但爱媛县告谕提供了错误的信息，宣称进镇台服兵役的人将只参加国内任务。

其实仔细想想就知道，倘若镇台兵不参加对外战争，那么明治日本就没有军队能去打仗了。如果是小的武装冲突，那么旧藩兵组成的镇台兵（"第二官军"）和被征招进镇台的征募兵就可以应对。

---

① 土屋喬雄、小野道雄編『明治初年農民騒擾録』南北書院、1931、501 頁。

一旦真正开战，就得动员预备兵了。也就是说，那些服完兵役返乡的征募兵会被征招参战。

此外，早在 1873 年 6 月末，农民就已经相当恐慌，担心被征招入伍、"征伐朝鲜、台湾"。这点非常值得注意。其实在 6 月这个时间点，外务省内部只是打算就"征韩"展开讨论，还没上升至政府高层的方针。当国民担心危及自身时，他们可能会先于政府决策，预感到其中的危险。

四镇台的士兵原本都是旧藩藩兵，一旦征兵制度正式确立，他们的立场必然会渐渐被农民兵取代。另外，各县为了解决镇台兵兵员不足的问题，临时征招了一些士族，然而这些士族的常识却在征招之时就被彻底颠覆了。在过去，只有士族拥有当兵的特权，可是征兵制度夺走了士族的这一特权，并将特权送给了以农民为主的平民。

不过，许多平民讨厌，甚至担心和国外打仗。看到这一场景后，出身士族的旧藩藩兵重新恢复了自信。他们开始高声质疑道，怎能把日本国防这一重大任务交给害怕战争的农民兵？1874 年，日本出兵台湾，与中国的关系愈发紧张。当此之时，高知县士族向左院递交了建白书。该建白书充分反映了士族对农民兵的质疑。

> 虽说兵农一致之宗旨乃舍皇国、欧洲政治之短，取皇国、欧洲政治之长，方才集于大成。然若概论皇国人民，除华族、士族以外，尚气节、知廉耻者甚少。文盲不学，不知爱国为何物。猝然目睹征招入伍者，则怨惧之情一并滋生，亲人哀叹，唯恐子弟有性命之虞。应征离家之际，亲子兄弟执手相泣。此

类人员，尚且不足以承担非紧急之任务，更不能与旧时马革裹尸、不惜性命之藩兵相提并论。……臣等忧虑之缘故，在于兵弱而士气不振也。①

另外，士族在建白书中声称，他们之所以担心征募兵"兵弱"一事，是因为要和朝鲜乃至比朝鲜更强的敌国作战。

该建白书明确指出，旧藩兵远远强于征兵组建的平民兵。从这里可以看出，面对"第三官军"，"第二官军"表现出明显的优越感。由此可见，为了实现明治维新目标之一的"强兵"，三支"官军"在日朝、日中关系日趋紧张的东亚格局下，关系愈发复杂。

1874 年 5 月，日本出兵台湾，除农民兵以外的"官军"第一次、也是最后一次团结到了一起。此时，因"征韩论"之争返回故乡的那些御亲兵作为志愿兵全力作战。相关情况将在下节进行具体论述。

4 "征韩"还是"征台"？

几十年前，毛利敏彦在其著作《明治六年政变的研究》和《明治六年政变》中指出，西乡隆盛主张和平主义，并不支持"征韩论"。② 当时大多数历史学者都不同意这个观点。

---

① 色川大吉監修、牧原憲夫編『明治建白書集成』第三卷、筑摩書房、1986、581 頁。
② 毛利敏彦『明治六年政変の研究』有斐閣、1978；毛利敏彦『明治六年政変』中公新書、1979。

　　笔者当时则认为，西乡隆盛和桐野利秋所率领的萨摩军团意在通过出兵台湾来挑起日本和中国的战争，因此在"征韩论"方面基本支持毛利敏彦的主张。具体而言，桐野利秋想要以台湾问题为契机与中国一战，而主管北海道等地的开拓使长官黑田清隆要求西乡隆盛在库页岛问题上对俄国采取强硬态度。为了按下桐野利秋和黑田清隆的主战倾向，西乡隆盛决定担任朝鲜问罪使节，依仗武力向朝鲜提出开国的要求。看起来西乡隆盛似乎是"征韩论"的支持者，实际上他是为了说服麾下的对外强硬派而故意摆出这样的架势。①

　　可是对于1874年5月的"台湾出兵"，西乡隆盛的态度却和假装支持"征韩论"时有所不同。

　　在这场战争中，明治政府任命西乡隆盛的弟弟西乡从道担任台湾蕃地事务都督，熊本镇台司令长官谷干城担任参军。他们率领的台湾征讨军由4艘军舰和以熊本镇台兵为主的3000名士兵组成。而西乡隆盛麾下大约300名士兵同样乘坐军舰参战。尽管三年后双方在田原坂和熊本城展开激战，② 但是直到1874年"台湾出兵"之前，"第一官军"（御亲兵）和"第二官军"（镇台兵）一直是合作关系。相反，如前文所述，"第三官军"（平民军）的组建虽然是为日后的对外战争做准备，可是构成"第三官军"的农民却非常反对对外战争。

---

①　大久保利謙他編『日本歴史大系』第四卷。

②　田原坂和熊本城是西南战争时的两处战场。1877年西南战争爆发时，西乡从道留守政府，谷干城作为政府军的一员猛将指挥了熊本城的攻防战。——译者注

对此，清政府表示强烈反对。同年9月，两国关系一度发展到战争一触即发的局面。当时，萨摩出身的海军次官川村纯义甚至建议政府把西乡隆盛从鹿儿岛叫回来，任命他为陆海军最高指挥官，以应对可能爆发的对华战争。以往的研究成果普遍把1873年10月的"征韩论政变"① 和1877年2月的西南战争爆发直接联系到一起，然而事实上却并非如此。相关史料如下：

> 余虽不知朝议将选定何人统辖〔海陆〕两军，今不揣冒昧、坦率谏言，私以为陆军大将②西乡隆盛最为适合担任元帅。一旦与清朝谈判破裂，获知消息后应即可遣使，招西乡隆盛前往浪华（大阪）。恕臣无礼，陛下宜亲赴浪华，当面交付海陆元帅之特权……③

大久保利通当时为处理"台湾出兵"之事，正在北京与清政府进行谈判。而海军次官却认为谈判无法达成，日中战争很有可能爆发。并且他认为假如日本和中国真的打起来，除了西乡隆盛以外没有人能胜任日本陆海军的最高司令官。所以为了让西乡隆盛同意

---

① "征韩论政变"，又称"明治六年政变"。1873年8月，"留守政府"（岩仓使团访问欧美期间的日本政府）本已决定让西乡隆盛担任使节前往朝鲜，可是岩仓使团突然于9月返回日本，从海外归来的岩仓具视、大久保利通、木户孝允等人主张内治优先。10月，征韩派失败，西乡隆盛辞掉参议、近卫都督之职，板垣退助、副岛种臣、后藤象二郎、江藤新平等"留守政府"的首脑下台。——译者注
② 西乡隆盛1873年升任陆军大将。——译者注
③ 『三条家文书』、明治七年九月二十四日付、三条实美太政大臣宛て。

就任元帅，他建议把西乡隆盛叫到大阪，天皇也亲自赶赴大阪，当面下令西乡隆盛就任元帅之职。也就是说，虽然 1873 年发生了"征韩论政变"，但是在 1874 年日本出兵台湾时，西乡隆盛还没变为在野反政府势力的中心。

另外，如果"台湾出兵"真的导致日本和中国爆发战争，那么这就演变成比"征韩论"更为重大的事件。关于这一点，出身萨摩藩的参议兼开拓使长官的黑田清隆向太政大臣建言，要求为对华战争做好细致的准备。

> 一旦接获大久保大臣之飞报，知和战之议已定，则立即公布清国政府理亏之处，将其罪行广泛宣诸国内外，以万国公法为基础，参照交战条约，决定处分方式，速发王师，猛攻急击，使其无暇防御。如此方为用兵之秘诀也。[①]

文中需要注意的是，作为萨摩出身的实权参议，黑田清隆决意正式公布"宣战书"、发动对华战争。此外，黑田清隆建言中还有一点值得注意，即他提出了比川村纯义更加完整和现实的大本营构想。

> 天皇陛下亲自统御军务之大本（即大元帅），速下亲征之诏书，以使全国人民团结一心。遵奉圣旨、统辖军务乃元帅之

---

① 『三条家文書』、明治七年九月二十四日付、三条実美太政大臣宛て。

责。应命三条太政大臣①担当此任。

　　辅佐元帅、部署全军、策划攻击之法乃最为紧要之任务。故和战决意之日一旦来临，应速遣敕使，召西乡陆军大将及木户从三位、板垣正四位，②并命山县、伊地知〔正治〕两参议、山田〔显义〕陆军少将、海军四等出仕伊集院兼宽等共担此任，另开一局（所谓的参谋局），使其专门商议战略。③

　　就算我们把天皇担任大元帅、太政大臣担任元帅视为理所当然，但是派遣敕使召回西乡隆盛、木户孝允、板垣退助却完全再现了戊辰战争，乃至以御亲兵为依仗实施废藩置县时的场景。在黑田清隆看来，如果要和中国这个东亚大国打仗，那就不应继续维持去年"征韩论政变"后的政治格局。"台湾出兵"是比"征韩论"还要重大的对外问题，在这么重大的问题面前，"征韩论政变"等都是可以忽略的小事。

　　最后再引用黑田清隆的一段话。在萨摩势力当中，黑田清隆的地位仅次于大久保利通和西乡隆盛。从引文可以看出，黑田清隆确实主张发动对华战争。

　　开始攻战之时，关键在于首先发动海军之精锐，以我之舰队击破彼之海军，袭击对方之重要港口，以便为陆军作战开辟

①　三条太政大臣指三条实美（1837～1891）。——译者注
②　木户从三位是指木户孝允，板垣正四位是指板垣退助。"从三位""正四位"是他们的官位品阶。——译者注
③　『三条家文书』、明治七年九月二十四日付、三条实美太政大臣宛て。

87

道路。……今以不足十艘军舰行此大举，必先设立预备舰队。
合计诸省使（各省和开拓使）之所辖以及人民之私有汽船，
可知国内汽船约有百余艘。从中选取最为坚实者，约占总数五
分之一（约 20 艘）。①

1868 年戊辰战争和 1871 年废藩置县时，陆军发挥了极为重要
的作用。当"台湾出兵"极有可能升级为对华战争时，佐久间象
山提出的海军"强兵"主张才终于得到重视，有了实施的可能。
从这个角度来讲，对于明治时期的"强兵"目标而言，"台湾出
兵"是远比"征韩论"严重的大问题。

无论是 1873 年的"征韩论"，还是 1874 年的对华开战，最终
都在参议兼内务卿大久保利通的决断下被成功压制。如果要把幕府
末期以来的"富国强兵"口号分割成"富国"和"强兵"，毫无疑
问，重视"殖产兴业"的大久保利通承袭了横井小楠的思想，坚
决主张"富国论"。笔者曾在前文反复强调，"富国"和"强兵"
是两个概念。而在 1873、1874 年，面对东亚的紧张局势，富国派
压制了强兵派。关于这一点笔者将在其他章节另行讨论，本章主要
分析强兵派的内部对立。最后笔者还想讨论一个问题：当时"台
湾出兵"问题明明比"征韩论"还要严重，日本近代史研究界为
何反而更为重视"征韩论"问题？

为了压制住桐野利秋的出兵台湾、对华战争论以及黑田清隆的
出兵库页岛、对俄战争论，西乡隆盛故意摆出支持"征韩论"的

---

① 『三条家文書』、明治七年九月二十四日付、三条実美太政大臣宛て。

姿态。所以后来的历史学家误解西乡隆盛也算情有可原。可是桐野
利秋明明主张出兵台湾、对华开战，结果人们却把他在西南战争中
对抗政府的原因归结为他的"征韩论"未被政府采纳。若是桐野
利秋泉下有知，恐怕也不瞑目吧。

　　西乡隆盛和桐野利秋等人都是鸟羽、伏见之战的英雄，为何后
来人们把他们视为"征伐"朝鲜，即"小外征论"的主张者？笔
者认为，从日俄战争到 1910 年的日韩合并，"征韩"在日本一直
作为褒义词来使用，因为这个缘故，人们才把"征韩"和明治维
新的英雄联系起来，用以渲染他们的英雄色彩。

　　不可思议的是，日韩合并那年，板垣退助监修的《自由党史》
正式出版。板垣退助骄傲地声称，是他和西乡隆盛成功排除黑田清
隆和桐野利秋的阻碍，把"征韩论"提升到阁议决定的阶段。因
为这段话非常令人难以置信，笔者引用相关段落如下：

　　　　征韩论实由西乡、板垣提出。……征韩论兴起之时，黑田
　　清隆作为开拓使长官，镇守北方国门，桐野利秋作为熊本镇台
　　司令长官，卫戍西部边陲。然后黑田指出，我国渔民在桦太
　　（库页岛）被俄国士兵枪杀，此乃国际问题，需采取行动;[1]
　　桐野则指出，琉球人为我国所统辖，如今被台湾原住民虐杀，
　　应以此事为名义，发动征台之师。此乃两人上京、与当局者谋
　　划之目的。然而两人抵达东京之后，方知满朝皆议征韩之事，

---

[1] 1875 年，日本和俄国签订了《桦太千岛交换条约》，库页岛（桦太）全岛
划归俄国，千岛群岛划归日本。——译者注

自家主张不得贯彻，心绪难以平静。例如黑田，有时会有阻碍
征韩论之言行。于是板垣语于西乡曰，黑田乃奸人也。西乡将
此言告知黑田。黑田大怒，某日至正院见板垣，诘问板垣为何
出此恶语。[1]

此外，《自由党史》还记载了8月阁议正式决定派遣西乡隆盛
担任朝鲜问罪使节之前，桐野利秋哭着向板垣退助求助的场景。

> 萨摩子弟极为重视西乡，担忧西乡出使时之安全，遂向三
> 条〔实美、太政大臣〕、板垣施压，请求中止西乡出使事宜。
> 其中桐野利秋尤为激动，与土佐之北村重赖〔陆军中佐〕、山
> 地元治〔陆军中佐〕共同拜访板垣，恳求曰，西乡出使，必
> 死无疑，除阁下以外，吾不知何人尚能留住西乡。故而恳请阁
> 下相助。[2]

从以上两处引用段落可以看出，黑田清隆重视库页岛问题，桐
野利秋关注"台湾出兵"问题，二者都对"征韩论"持否定态度。
这和笔者之前的分析结果一致。可是更重要的问题在于，1910年
日韩合并时，就连近代日本最早的自由主义政党——自由党，也在
其党史中把自由党创始者和西乡隆盛1873年主张"征韩论"的行
为作为重大事件来彰显。姑且不论到底是"台湾出兵"重大，还

---

① 板垣退助監修『自由党史』上卷、62 頁。
② 板垣退助監修『自由党史』上卷、63 頁。

是"征韩论"重大,《自由党史》明显把反对"征韩论"的桐野利秋和黑田清隆视为误入迷途的政治家。

日俄战争期间,日本开始重新评价"征韩论",此时他们也试着把 1877 年西南战争中战败的西乡派纳入重新评价的范围。黑龙会编纂的《西南记传》就是一例。该书于 1908 年出版,比《自由党史》早两年。

需要注意的是,该书指出,桐野利秋原本重视"台湾出兵",却在中途转而成为"征韩论"的急先锋。原文记载道:"陆军少将桐野利秋,虽乃陆军部征韩党代表之一、力主征韩论,实则原本主张征台,忧心西乡韩国之行,本欲阻挠西乡,却被西乡说服,自此热心主张征韩论。"①

如前文所述,"台湾出兵"时,鹿儿岛军队曾积极参与协助。由此可见,萨摩军团不可能突然从"征台论"转变为"征韩论"。日俄战争到日韩合并期间,"征韩论"突然在日本聚集了大量的人气,恐怕正是因为在这样的时代背景下,自由党创始者才吹捧自己是"征韩论"第一人,而"征台论"的代表人物桐野利秋也被他的崇拜者改写为"征韩论"的代表。

---

① 黑龍会編『西南記伝』上卷の一、黑龍会本部、1908、466 頁。

胡刚/绘

第五章

木户孝允与板垣退助的对立

板垣退助（1837～1919）

土佐藩藩士出身，先是成为藩主山内容堂的"侧用人"，后来与西乡隆盛缔结讨伐幕府的密约。维新后升任参议，1873年和西乡隆盛一起主张"征韩论"。此后组织成立"立志社"，开展自由民权运动，为建立日本最初的政党内阁贡献了力量。

1　《民选议院设立建白书》

如本书第一章所述，从 1864 年的胜海舟与西乡隆盛会谈到 1868 年戊辰战争爆发，由"藩主议会"和"藩士议会"构成的两院制是明治维新的公约之一。而当戊辰战争的开端，即鸟羽、伏见之战爆发后，直到 1871 年废藩置县时，两院制议会论却消失了踪影，整个日本处于"官军"的支配之下。也就是说，两院制议会论存在了大约三年半，其后的"官军"时代持续了大约四年半。①

日本政府实施废藩置县后，作为"革命军"的"官军"基本完成了他们的使命。笔者在本书第四章已经指出，1874 年的"台湾出兵"是"旧官军"最后一次为国效力。②同样是在那一年，过去的两院制议会论改头换面重新登上了历史舞台。1874 年 1 月，著名的《民选议院设立建白书》横空出世，成为自由民权运动的起点。

当笔者把幕末时期的"萨土盟约"和明治时期的"民选议院论"联系在一起时，可能读者会觉得有些牵强。然而需要注意的

---

① 按照作者所说的"大约四年半"，"官军"时代应该是持续到 1872 年夏秋时节。但是作者在本章第 4 节末尾明确指出，"官军"时代完结于"台湾出兵"时，所以作者所指的"官军"时代应该是 1868～1874 年。——译者注

② 作者在本书第四章定义了三支"官军"，此处的"革命军"和"旧官军"皆指"第一官军"。因为废藩置县是以"第一官军"为军事后盾才得以顺利实施，所以作者称其为"革命军"。——译者注

是，无论是在两院制议会论时期，还是在"官军"时代，后藤象二郎和板垣退助所代表的土佐藩改革派一直都在日本权力中心占据着一席之地。当然，假如没有萨摩藩西乡隆盛和大久保利通的支持，后藤象二郎的两院制议会论不可能导致大政奉还。而在"官军"时代，如果没有西乡隆盛的持续协助，板垣退助的势力也不可能站稳脚跟。1868 年的戊辰战争和 1871 年的御亲兵组建皆是如此。虽然后藤象二郎和板垣退助没能占据变革阵营的中心位置，但是换个角度来看，他们一直是在变革阵营的内部。

换言之，尽管大家可能会觉得板垣退助的政治主张变化得太快。1873 年 8 ~ 10 月他还在支持西乡隆盛的"征韩论"，[①] 仅仅过了 3 个月，他就和后藤象二郎一起向左院递交了《民选议院设立建白书》。不过他们一直以来都是旧土佐藩的变革领袖，所以这种变化并不矛盾，毕竟板垣退助是"官军"中的实权人物，后藤象二郎是议会制的主张者。

关于这一点，板垣退助在其监修的《自由党史》里进行了相当直白的记述。据他所言，因为 1873 年 10 月他才刚刚因为"征韩论"政变下台，考虑到以议会论提倡者的身份出现未免太过突兀，所以他曾劝说土佐藩有欧美留学经验的片冈健吉和林有造率先发声。可是片冈健吉和林有造自认为人微言轻，唯有知名人士带头倡议才会引起关注，反而建议板垣退助扮演议会论提倡者的角色。

于是，板垣退助约见"幕末议会论"的中心人物后藤象二郎，而后藤象二郎身边似乎有不少从欧美回来的新知识分子。后藤象二

---

① 　如第四章所述，西乡隆盛只是表面上支持"征韩论"。

郎向板垣退助介绍道，土佐的古泽兹刚从英国留学归来，他和德岛的小室信夫都很了解议会论。关于这段史实，可以参见《自由党史》的相关记述。

> 后藤亦是长久以来深知官选议院〔左院〕无益于世之人。遂抚掌赞同，并向板垣介绍曰，近日小室信夫与古泽兹新从英国还朝，二人颇为熟悉欧洲议院之制度，主张应将其移入我邦，吾等宜招此二人前来起草建白书。板垣遂与后藤共招小室、古泽，听其言论，顿感英雄所见略同。于是邀副岛〔种臣〕、江藤〔新平〕共谋。①

根据这段记述，我们可以清楚地了解到"征韩论政变"时下野的前任参议（板垣退助、后藤象二郎、江藤新平、副岛种臣）和小室信夫、古泽兹这两个刚从英国归来的小人物是在怎样的情况下决定联名递交《民选议院设立建白书》。并且从这段记述中我们可以发现，在板垣退助从戊辰战争以来的官军派转变为议会论推进者的过程当中，幕末以来的议会论主张者、第一章描述的"公议会论"主张者后藤象二郎发挥了相当重要的作用。

2　划时代与连续性

《民选议院设立建白书》由刚从英国归来的古泽兹和小室信夫

---

① 板垣退助監修『自由党史』上卷、86頁。

草拟，文中有一句话具有划时代的意义——"夫人民对政府有纳税义务者，则对其政府之事有与知可否之权"。① 要知道，幕末以来的"公议会论"虽然主张两院制，但是无论是"藩主议会"的议员，还是"藩士议会"的议员，他们都是收取"租税"的一方，从没缴纳过"租税"。

虽说建白书递交的前一年（1873），明治政府决定对士族的家禄征税，然而士族的家禄完全是不劳而获，所谓的征税不过是多少削减了他们的家禄份额，因此不能算作"租税"。而且当时还没有征收所得税，所以缴纳"租税"的人只有农村地主。

如此一来，《民选议院设立建白书》就成了国民议会论，这与主张"藩主议会"和"藩士议会"的"幕末议会论"存在本质的区别。正是因为建白书具有这样的含义，它才引发了自由民权运动，数年后席卷全日本。

尽管后来确实发展到全国各地主张民权的事态，但是依笔者所见，《民选议院设立建白书》的起草者当初写下这句话时并没打算真的认真履行。建白书公布后，《邻草》作者加藤弘之②对其展开批判，认为"民选议院"为时尚早。对此，古泽兹作为起草者之一辩解道：

夫今日设立议院之意，仅仅在于完备藩别议院之制，扩张御誓文之含义。③

① 板垣退助監修『自由党史』上卷、90頁。
② 参见本书第一章。
③ 板垣退助監修『自由党史』上卷、104頁。

本书第一章探讨的幕末"公议会论"就是此处所说"藩别议院"的原型，而"五条御誓文"的第一条誓文不过是把"公议会论"高度精简化。可是，再怎么努力"完备藩别议院"，也不可能推导出"民选议院论"，转而把"对政府有纳税义务者"视为国家的主人。关于这一点，古泽继续补充道：

> 如今纵使设立此种议院，亦非即刻使一般人民享有选举其代言人之权利，而是使士族及豪富农商等暂时单独保存该项权利。此类士族农商，即先前推出首倡之义士、维新之功臣者。①

倘若按照古泽兹的说法，"民选议院"就基本演变回幕末的藩士议会了，"民选"一词变得不知所谓。

尽管古泽兹等人亲赴英国，实地考察了议会政治，然而他们的思想主张还是没能彻底脱离幕末的"公议会论"。与此相比，津田真道1874年6月在《明六杂志》第12期刊载的文章更加符合"民选议院论"这个词语的含义。②

津田真道首先指出，《民选议院设立建白书》递交以来，围绕是否开设国会一事，不仅言论界展开了激烈的论战，而且政府也下达了"召开地方官会议的特诏"，甚至还有"开创华族会议之说"。因为"华族会议"这个概念很容易让我们联想到幕末的"藩主议

---

① 板垣退助监修『自由党史』上卷、107页。
② 本书第一章介绍了《泰西国法论》的翻译和出版（1866年脱稿，1868年出版），该书的译者应该不是伊达宗城。

会"以及倒幕诸藩中被任命为"地方官"的旧藩士，所以我们应该可以把它理解为幕末的"藩士议会"。

如前文所述，古泽兹作为建白书的起草人之一，反而肯定"民选议院"与幕末公议会论具有连续性。而津田真道却从正面强调，"华族议会"和"地方官会议"都不是"民选议院"。对于"华族议会"，津田真道做了如下批判：

> 缙绅华族，大致而言，皆为封建之旧藩君，……多成长于深营，尤为不谙世事，且其弱点在于缺乏知识。……无知之人聚集，又将于国家有何损益。[1]

津田真道作为"蕃书调所"的洋学学者，曾经以幕府下级官员的身份留学荷兰，努力学习了不少西洋知识。从上文可以看出，这位归国学者直率地表达了对幕末、维新时期大名的轻蔑态度。

接着津田真道又反手一刀，否定了把"地方官会议"作为众议院替代品的构想。

> 地方官乃代替天皇陛下治理该府县之人。……今若会集地方官，使其为代议之人，则地方官为天皇陛下之代议人乎？抑或人民之代议人乎？再无较此更为名实不符、乖离事理之事。[2]

---

① 『明治文化全集·雑誌篇』日本評論社、1967、114 頁。
② 『明治文化全集·雑誌篇』、115 頁。

这句话辛辣地嘲讽了把行政官组编为立法府的构想，同时令笔者联想到了1875年2月的大阪会议。下节笔者将对这场获得诸多赞誉的会议进行重新评价。

3　宪法优先，还是议会优先？

如第一章所述，王政复古前夕，议会制距离正式确立只有一步之遥。那就是建立由藩主组成的上院和由藩士代表组成的下院，即两院制构想。并且，两院制构想不是突然出现在王政复古的洪流之中，早在四年前的文久三年（1863）以来，人们已从各个方面对其展开了探讨。

可是，以维持封建制为前提的两院制构想几乎未曾讨论过宪法。其实从某种意义上来说，这种现象可谓是理所当然。上院聚集的藩主掌握着各自领地内的租税和军队，下院聚集的藩士代表则是各藩藩主的智囊。

当议会由掌握财权和兵权的藩主组成时，政府又有什么问题需要咨询？宪法的存在意义在于明确行政府和立法府的权限，而在幕末时期构想的议会制中，掌握财权和兵权的不是政府和议会，而是各藩主议员。再者，因为下院议员肯定是作为藩主智囊的藩士，所以也不需要选举产生下院议员。

既然议会成员早已确定，且每个议员都掌握着各藩的行政权，那么"幕末议会论"基本不需要宪法的存在。即使真的设立了这种议会，政府需要咨询议会的问题也非常有限。正因如此，堪称"幕末议会论"首倡者的幕臣大久保忠宽才在设定会期时写道：

"会期应定为五年一开，若有事件需要临时审议，则应临时召开。"

事实上，在幕末召开的"议会"里，其主要议题是讨论朝廷是否要批准幕府早已与欧美各国签订的条约，以及在合议制中如何改变将军之职。

然而1871年断然实施废藩置县以后，议会的性质发生了180度的转变，因为新政府以萨、长、土三藩藩兵组成的御亲兵为后盾，掌管了财权和兵权。如果要召开议会、咨询民意、讨论如何运用财权和兵权，那就需要预先明确政府和议会的权限，否则国家将陷入极大的混乱。在这样的时代背景下，宪法的存在突然变得极有必要。

另外，"幕末议会论"时期无须讨论两院议员的资格问题，可是明治时代就需明确规定什么样的人有资格担任议员。因为过去的藩主如今已变为华族，① 就算想让他们直接担任上院议员，华族这个身份也远远不如藩主那般具有担任上院议员的正统性。毕竟，废藩置县后连"藩"这个行政单位都消失了，若要让旧藩主不经由宪法直接成为上院议员，明显缺乏说服力。

更大的问题出在下院。"幕末议会论"主张由藩士代表组成下院，然而藩士已经不再是藩士，而是变成了士族。② 当武士特权被

---

① 明治二年（1869）六月十七日，日本政府实施"版籍奉还"，要求各藩主把对土地（版）和人民（籍）的支配权返还朝廷，并下达布告，决定废除公卿、诸侯等称号，改为"华族"。1884年，明治政府颁布《华族令》，在华族中设定公、侯、伯、子、男5个爵位等级。除了过去的公卿、诸侯以外，明治维新以来为国家做出特殊贡献的政治家、军人等也可获封华族。——译者注

② 日本政府实施"版籍奉还"时，把各藩藩士、幕臣等定为"士族"，把底层武士等定为"卒族"。1872年又把卒族重新整编进士族和平民，自此，日本共分四族，即皇族、华族、士族、平民。——译者注

夺走，他们的身份转化为士族、平民等，且政府开始讴歌"四民平等"① 时，如果只限定士族有资格担任下院议员，那么政府的一系列举措就站不住脚了。或许正是因为这个缘故，板垣退助等人的《民选议院设立建白书》才在表面上宣称，"夫人民对政府有纳税义务者，则对其政府之事有与知可否之权"，尽管他们实际上没有这个想法。

毕竟他们不可能把这句话改成"夫曾为武士者，则对其政府之事有与知可否之权"，要是这样做了，就不能用"民选议院"这个词语了。由此看来，为了明确"下院"的构成等，制定宪法势在必行。

既然已经实施了废藩置县，如果不把宪法制定出来，新政府就无法长期维持其正统性，长州藩出身的木户孝允就深切地认识到了这个问题。稻田正次在其经典名著《明治宪法成立史》中指出，木户孝允把调查宪法作为自己的首要课题，决意担任岩仓使团副使。②

明治四年（1871）十二月六日，岩仓使团抵达旧金山。大约七个星期后，使团抵达美国首都华盛顿。据稻田正次调查，木户孝允在到达华盛顿的第二天在日记中写道：

　　余在御一新③之年仓促建言，与天下诸侯、华族、有司

---

① "四民平等"是明治政府的一大口号，主张废除士农工商的身份差别，并采取了一系列举措，如1870年起允许平民有姓氏，1871年允许平民和华族、士族通婚，1872年制定"学制"要求"国民皆学"等。——译者注
② 稻田正次『明治宪法成立史』有斐閣、1960。
③ "御一新"是明治维新的别称。——译者注

〔官吏〕定五条誓约，稍定亿兆之方向。然则直至今日仍未确立固定之根本律法，实属不该。故此行欲首先调查各国之根本律法，并研讨政府之组建等。余已将此目的告知〔何礼之书记官〕。①

从上文可知，木户孝允刚到华盛顿就宣称自己的目的是调查欧美各国的宪法和政体。此后他也确实相继考察学习了英国、法国的政治体制，并在德国与鲁道夫·冯·格耐斯特（Heinrich Rudolf Hermann Friedrich von Gneist）会面。② 过了大约十年，伊藤博文专程赴德跟随鲁道夫·冯·格耐斯特学习宪法，返回日本后参与了宪法起草。

1873 年 7 月，木户孝允回到日本，9 月向政府递交建言书，主张制定宪法。在幕末、维新时期，他是第一个重视宪法而非议会的高官。如果说大久保忠宽的主张是"议会论"的嚆矢，那么木户孝允的建言书就是"宪法论"的嚆矢。当板垣退助等人提倡的"民选议院论"还残留着不少"幕末议会论"的痕迹时，"民选议院论"的劲敌登上了历史的舞台。

木户孝允在建言书中首先指出，应明确区分行政府和立法府。而在"幕末议会论"中，二者是浑然一体的。如前文所述，如果议员由掌握财权和兵权的各个藩主担任，那么这种议会制必然不会有意识地把政府和议会区分开来。对此，木户孝允强调，欧美文明

---

① 稻田正次『明治憲法成立史』、195 頁。
② 稻田正次『明治憲法成立史』、196 頁。

国家政治体制的共通之处在于他们把行政府和立法府严格区分，而且两者是相互协作的关系。

> 今在文明之国，虽有君主，然全国人民一致协同，将其统一意见定为国务之条例，并将裁判〔判断〕之事委托于一局。此局名曰政府，以有司〔官吏〕充任局中。且有司承接一致协同之民意，肩负重责，从事国务。……如此严密，且人民亦谨防其逾制，议士每每检查，抑制有司之恣意妄为。①

如果没有"政规"明确规定行政府和立法府的权限，行政府和立法府就没法保持各司其职、协调合作的关系。因此有必要"详细记载其条目，订立盟约，禁止违反其制，相互顺从"。木户孝允认为，这种"政规"才是"典则中之根本，一切枝叶皆由此衍生"。②

其实木户孝允自己也曾参与起草了这种性质的宪法，那就是"五条御誓文"。但是"五条御誓文"太过粗略，所以木户孝允指出，"增加誓文条目，建立典则"才是日本的当务之急。

4　议会派与宪法派的协调

总而言之，民选议院派沿袭了"幕末议会论"的谱系，宪法

---

① 板垣退助監修『自由党史』上卷、353 頁。
② 板垣退助監修『自由党史』上卷、354 頁。

派则在废藩置县后关注到了立宪政治。然而这并不意味着前者保守、后者进步。事实恰恰相反，前者进步、后者保守。

如上节所述，木户孝允想要优先制定宪法是为了约束政府和议会双方。然而实际上在制定宪法时，政府方面最关注的问题是如何限制议会的权限。毕竟，没有政府人士愿意限制自己的权限。

而且从时间的角度来看，宪法制定派也比议会派保守。1881年10月，明治天皇颁布诏书，约定将会开设国会。其后过了大约8年，明治宪法才终于公布。这些史实充分证明了宪法制定派的保守。

为使宪法确保政府的兵权和财权不被议会干涉，为使国民能够接受这种宪法，就必须做出认真比较分析欧美各国宪法的样子，而且必须让国内各机构摆出慎重审议的样子。宪法的制定既然需要耗费大量的时间，那么议会的开设就需要等待更久的时间了。

与此相比，"幕末议会论"和《民选议院设立建白书》都希望建议提出的第二年就能召开议会。"幕末议会论"主张由各藩藩主（上院）和各藩藩士代表（下院）担任议员，因此能够立即召开议会。而"民选议院论"的主张虽然不够明确，但是从上文1873年的争论中可以看出，"民选议院论"打算让各县士族代表代替旧藩藩士代表担任议员。因为这种议会能够立刻召开，所以从时间的角度来看，议会优先派明显更加急进。

关于行政府和立法府权限的问题，民选议院派远远比宪法派民主，因为开设议会的目的就是限制当时政府的权限。民选议院派没打算先通过宪法来规定政府和议会双方的权限。

即使后来民选议院派演变为爱国社，爱国社在1880年成为全日本"国会开设运动"的指挥中心后，这一立场也从未发生改变。① 举例而言，1880 年全日本都在开展"国会开设请愿运动"，自行起草宪法草案（所谓的"私拟宪法运动"）成为当时的一大风潮，然而那些集结在爱国社的土佐派却表现出相当消极的态度。②

姑且不论"议会论"和"宪法论"的区别，如果把两者合称为"立宪政治的呼声"，那么从 1874 年到 1875 年，这个呼声已经令明治政府内外都难以忽视。

一方面，1874 年是政府内外的萨摩派意图把"台湾出兵"发展为对华战争的一年。另一方面，民选议院派明显以旧土佐藩为中心开展运动，"宪法论"的提倡者则是旧长州藩最有实权的领导人。另外，本书第六章还将探讨政府内萨摩派的另一支力量——以大久保利通为中心的殖产兴业派，不过大久保利通在 1874 年的对立之势尚不明显。换言之，1874 年西乡隆盛的"对外战争论"、板垣退助的"民选议院论"、木户孝允的"宪法制定论"在日本政坛呈现三足鼎立的局势。

听起来似乎是西乡隆盛、板垣退助、木户孝允这三名政治家相互对立，他们的后盾却是旧萨摩藩、旧土佐藩、旧长州藩。正是这三个藩在鸟羽、伏见之战战胜了幕府军，也正是这三个藩献出藩兵组建了御亲兵，使得明治政府得以强制执行废藩置县。此时，同样是这三个藩开始主张三种不同的路线。

---

① 1875 年，爱国社成立，核心成员来自以板垣退助为中心的立志社。爱国社是日本最早的全国性质的政治结社，在 1880 年第四届爱国社大会上改称"国会期成同盟"。——译者注

② 坂野润治『明治デモクラシー』岩波新書、2005。

对比三种路线可知,"民选议院论"和"宪法制定论"比较接近,二者和"对外战争论"难以并存。如果只是出兵台湾倒也罢了,可是一旦发展成对华战争,那么"民选议院"和"宪法制定"必然变得遥遥无期。

如本书第四章所述,尽管政府内外的萨摩派期盼着打仗,1874年的"台湾出兵"还是被控制在一定的范围,没有发展成对华战争,其中发挥重要作用的是大久保利通。他和西乡隆盛一样,都是萨摩派的实权人物。当时大久保利通以"全权办理大臣"的身份前往中国,围绕台湾问题完成谈判(10月31日),然后明治天皇派敕使向占领台湾的日本派遣军传达了撤退令。

当政府独断专行、使得对华战争发展到一触即发的局面时,民选议院派和宪法制定派都产生了强烈的危机感,决定携手合作。为了克制萨摩派的专断,两派决定克服差异,共同导入某种立宪政治体制。

在长州派当中,一年前辞掉大藏大辅职位的井上馨作为木户孝允的左膀右臂,对于两派合作最为热心。1874年11月27日,大久保利通在完成了与中国的谈判后抵达横滨港,受到了热烈的欢迎。井上馨为迎接大久保利通专程提前赶赴横滨,紧接着为了打破当时政坛的僵局于28日从横滨前往大阪。也是在这段时间,他写信给身在山口县的木户孝允,请求木户孝允前往大阪。

井上馨去大阪走的是水路,他在船上会见了德岛的小室信夫和土佐的古泽兹。如前文所述,小室信夫和古泽兹刚从英国回来不久,是《民选议院设立建白书》的起草人。笔者不清楚他们是偶遇,还是事先安排好了会面,然而可以确认的是,这场三人会谈与

明治立宪政治发展史中著名的《渐次建立立宪政体之诏书》（1875
年 4 月 14 日颁布）直接相关。因此有必要对其进行具体考察。

　　从 1874 年 12 月 1 日井上馨寄给木户孝允的信中可以得知该场
三人会谈的详情。井上馨首先指出，此次日中关系紧张化的责任在
萨摩派，要压制萨摩派，就需要进行政府改革。

　　二十七日晨，大久保亦返回横滨，兵队出迎，此地人民亦
献上祝词等，极为热闹。余之描述不过少许，其盛景可从报纸
一览。兄台来函，施行富强之术及开明之手段、剔除无用之花
费，不令好战者日后再借朝鲜等生事，使伊藤、山县等人充分
注意。据伊藤所言，大久保亦似甚喜此行之成果，有充分压制
之觉悟。……勿失此期，芋论①所压，被迫屈从，则人民亦除
枉死以外别无出路。此乃鄙人之愚见。②

　　井上馨写信有时不讲究语法。比如说，在笔者引用的这段文字
中，就有两处语意不通。其一，"兄台来函……使伊藤、山县等人
充分注意"。这句话的意思应该是指井上馨请求木户孝允给伊藤博
文和山县有朋写信，"使伊藤、山县等人充分注意"，"不令好战者
日后再借朝鲜等生事"。否则整段话就读不通了。

　　其二，"勿失此期，芋论所压，被迫屈从"。这句话也很令人
费解。到底是说"芋论""勿失此期"？还是长州派为了不被"芋

①　"芋"指萨摩，"芋论"指萨摩的政见。——译者注
②　井上馨侯伝记編纂会『世外井上公伝』第二卷、613～614 頁。

论所压，被迫屈从"，而应"勿失此期"？光从字面来看很难读懂。笔者认为井上馨的意思应该是后者。依笔者所见，这封信的意思应该是说，为了防止萨摩派日后再因朝鲜等问题掀起对外战争论，应提醒伊藤博文和山县有朋充分注意。为了不被萨摩派的政见压制，就需把握时机。

如果按照这个意思来理解，那么"大久保亦似甚喜此行之成果"这句话也就能读通了。井上馨认为，"芋论"喜欢和东亚其他国家打仗，但是萨摩出身的大久保利通却不同。并且为了"勿失此期"，井上馨采取的行动是和小室信夫、古泽兹展开船中会谈，计划召开"大阪会议"。因为信件内容非常重要且耐人寻味，笔者在引用时尽可能不改变原文的措辞。

> 近日，余与小室、古泽同路赶往大阪。彼亦吐露曰，若不一扫芋，则政府不能开办事业。据闻板垣亦不日赴阪。依余想象，各种协调及有趣政见亦将于此时产生，故倘若不失此期，略将官员升迁罢黜，力图公平合作，确立政府之目的，则事务大抵将有所进展。
>
> 故而小、古二人亦曰，务必请兄台〔木户孝允〕移步浪花，① 且小生〔井上馨〕若代为传达邀请之意，彼亦紧急邀约

---

① 大阪一带的古代称呼有许多，如"难波""浪速""浪花""浪华""大坂"等。另外，幕末以来有传言说，"大坂"的"坂"字表示"反"（返）到"土"里，让人联想到"死亡"；还有传言说"坂"字让人联想到"士"族谋"反"。据说因为这个缘故，明治时代设立"大阪府"时把"坂"改成了"阪"。——译者注

板垣，相与畅谈前途志愿等。余以为倘若于当地跨年、交涉顺利，实乃人民之大幸。

引文揭示了他们的密谈内容，即土佐派把板垣退助叫到大阪，井上馨则把木户孝允叫到大阪，双方共同谋划"一扫芋"和政府改革的方案。从该信最后一部分可以看出，这场政府改革论并不只是让长州、土佐携手对抗萨摩的专横，比起合纵连横，它还有着更为深刻的意义。

此次合作与过去土、长合力支持政府等主意不同。私以为若能以重视立、法为方法争论商谈、确立政府之目的，则必将有可喜之进展。且伊藤亦曰，乘此时机，务必请兄台东行，与大久保就前途之目的达成合意，合两位大将之力共图日后。余亦持相同观点，以为机不可失、失不再来。……倘若兄台决意前往大阪，请速电报告知。

引文揭示了许多史实。首先，此次"长土盟约"是为了"以重视立、法为方法争论商谈、确立政府之目的"。也就是说，为了建立某种立宪政治，民选议院派和宪法制定派开始接近。然而与此同时，他们还计划着实现木户孝允和大久保利通的会谈，把大久保利通从萨摩派的主流——外征派或者旧官军派中切割出来。虽然只凭一封书信难以断言，但是笔者认为，井上馨的工作主要是促成木户孝允与板垣退助的会谈，伊藤博文的工作则是促成木户孝允和大久保利通的会谈，"合两位大将之力"。

关于民选议院派与宪法制定派的妥协点，井上馨在另一封写给木户孝允的信中进行了更加具体的阐述。他认为："余以为若能以兄台之论与板垣等人之论相折中，以符合我国性质之议院方法于政府中充分取权，顺利开院，则协调合作之路将立。"[①]

如果联想到大约 14 年后，即 1889 年建立的明治宪法体制，想必读者就能理解"于政府中充分取权"的"议院方法"到底是指什么。木户派（宪法制定派）同意开设议会的交换条件是板垣派（民选议院派）同意制定严格规范政府权限的宪法，这就是两派找到的妥协点。

1875 年 1 月 4 日，木户孝允从下关出发，途径神户，6 日抵达大阪。16 天后，也就是 1 月 22 日，木户孝允前往板垣退助在大阪的住所。至此，两位巨头和三位穿针引线之人终于实现会谈。木户孝允在这天的日记中写道：

> 十一时至井上处，一时后共同拜访板垣退助。小室、古泽亦同住。彼等陈述彼等之民选议院论，吾等亦陈述吾等之考量。已知三者之意见等，返程途中，八时左右至井上处，闲话说尽，十一时返回寓所。[②]

笔者喜欢木户孝允这天的日记。从井上馨、小室信夫、古泽兹的角度来看，自 11 月 28 日三人在前往大阪的船中秘密商议起，过

---

① 写于 12 月 18 日。
② 日本史籍協会編『木戸孝允日記』第三卷、東京大学出版会、1967、144 頁。

了将近两个月才终于实现这场会谈。而且列席政坛两巨头会谈的只有他们三个穿针引线之人。光是想象这三个人的感慨都觉得非常有趣。

　　会谈从下午1点进行到晚上8点，长达7个小时。这是一场各抒己见、畅所欲言的会谈，而且讨论的并不是诸如何时提高日本银行的利率、把消费税提高几个百分点、参拜靖国神社正确与否之类的问题。王政复古后第8个年头，5位各持己见的政治家耗时7个小时讨论应制定怎样的宪法、应给议会多少权限等问题。会谈结束后，木户孝允和井上馨没有直接返回各自的住处，而是在"返程途中，八时左右至井上处，闲话说尽"。可以想象这两人把酒言欢将近3个小时的心情。

　　1875年1月22日的这场五人会谈并非日本近代史上广为人知的"大阪会议"。五人会谈后又过了大约20天，2月11日，大久保利通、木户孝允、板垣退助进行会谈，史称"大阪会议"。不过也有研究者认为两天前的大久保利通与木户孝允会谈才能真正被称为"大阪会议"。

　　从明治维新时萨摩、长州、土佐的比重以及大久保利通、木户孝允、板垣退助的知名度来看，上述两种观点都各有其道理。然而如前文详细介绍的那样，当笔者了解到11月28日井上馨、小室信夫、古泽兹三人船中会谈的内容，并从木户孝允的日记中获知以此为契机引发的1月22日五人会谈，笔者不禁想要提出自己的见解：船中会谈是"大阪会议"的起因，五人会谈才是真正的"大阪会议"。

　　大久保利通、木户孝允、板垣退助三人进行会谈之前，几位穿针引线之人已经为这场会议准备好了结论。与此相反，在船中会谈和五人会谈中，民选议院派和宪法制定派的穿针引线者就两派的不同和共通点展开激烈的讨论，围绕立宪政治的过渡问题，他们在渐进论和急进论之间努力寻求双方都能勉强接受的妥协点。

归根到底，"大阪会议"广为人知的原因在于商谈的结果导致明治天皇于 1875 年 4 月 14 日颁布了《渐次建立立宪政体之诏书》。诏书内容如下：

> 朕今扩充誓文之意。兹设元老院，以广立法之源；置大审院，以巩审判之权；召集地方官，以通民情、图公益。渐次建立国家立宪之政体，欲汝众庶俱赖其庆。汝众庶，或莫因循守旧，又或莫轻进急为，此乃体察朕旨翼赞之所。①

明治天皇下达诏书公开约定，将设立元老院作为"上院"，而开设"下院"的第一步则是当即设立全国知事会议（地方官会议）。虽然是"渐次"，但也决定"建立国家立宪之政体"。另外，"渐次""莫轻进急为"等语句是木户孝允、井上馨等宪法制定派在与民选议院派交涉时一贯强调的问题。

虽然教科书和历史概论都只提及 2 月 11 日大久保利通、木户孝允、板垣退助出席的"大阪会议"，但是我们不该遗忘 11 月 28 日井上馨、小室信夫、古泽兹的船中会谈，以及另一场由这三人和

---

① 宫内厅编『明治天皇纪』第三卷、吉川弘文館、1969、426 頁。

木户孝允、板垣退助参加的"大阪会议"。

4月14日明治天皇颁布诏书之前，木户孝允和板垣退助重新担当参议这一要职。当"官军时代"完结于它的顶点（"台湾出兵"）时，"公议舆论时代"一度重新复活，尽管只持续了很短的时间。

5 "大阪会议"体制的弱点

1875年2月11日，大久保利通、木户孝允、板垣退助三人在大阪进行会谈，史称"大阪会议"。会中，三人在诸多问题上达成约定。此后，木户孝允和板垣退助相继于3月8日和3月12日重新担任参议，以渐进实现立宪政治为目标的政权自此成立。4月25日，元老院正式设立。从成员结构来看，比起幕末时期的"藩主议会"，元老院明显更加重视个人的能力。紧接着在6月20日，第一届地方官会议也正式召开。尽管如此，"大阪会议"实现的新体制没能持续多长时间。原因盘根错节，主要有三。

第一，1875年1月的五人会谈好不容易才找到了双方的妥协点，可是后来木户孝允等人的渐进论与板垣退助等人的急进论之间更多的是对立之势。

如前文所述，木户孝允作为岩仓使团副使考察美国和欧洲时，曾在德国会见了鲁道夫·冯·格耐斯特。在木户孝允看来，德国那种君权强大的立宪政治可以作为日本的模仿对象。另一方面，板垣退助的智囊则是从英国归来的小室信夫和古泽兹。众所周知，6年后日本发生了"明治十四年政变"，① 福泽谕吉等人主张的英国模式和井上毅等人主张的德国模式发生正面冲突，结果主张德国模式的派别取得胜利，并于 1889 年公布《大日本帝国宪法》（明治宪法）。

虽然中间隔着 6 年的时光，但是两场论争却相当类似。毕竟，近代日本是在欧美的军事、文明压力下起步，这一时期很少有崭新的政治模式登场。只要欧美政治社会不发生大的变化，各种模式自己也不会发生变化。理所当然的，在荷兰学习过宪法学的津田真道于幕末时期翻译的《泰西国法论》与 15 年后福泽谕吉的交询社所推出的《私拟宪法案》几乎是同一水准。

同理，不可能直到"明治十四年政变"前夕，日本才经由太政官大书记官井上毅第一次知晓君权强大的德国式立宪制。因为 1873 年岩仓使团访问德国时，德国的立宪制早已规定了皇权的强大，与 1881 年时并无二致。

1875 年，当日本踏出了向立宪政体过渡的第一步时，木户派与板垣派已经围绕德国模式和英国模式展开了激烈的对立。从这点来看，1875 年 3 月 7 日木户孝允写给井上馨的信意味深长。

> 板垣此人，亦往往反复提及早已议定之事，意欲更改，不

---

① 明治十四年（1881），日本政府内部因开设国会、制定宪法等问题发生对立。大隈重信等人作为急进派，主张制定英国模式的宪法，两年后开设国会。伊藤博文等渐进派宣称大隈重信、福泽谕吉等人合谋反对政府，罢免了大隈重信及庆应义塾（福泽谕吉创办）出身的众多官员，同时宣布 10 年后开设国会。——译者注

知不觉间，从只求试水到要求全部完备之情形亦多次发生。余始终沉默以对。……且，板垣虽则每每口称英国政体、英国政体，然而如政事大家所相论述，英国政体虽善，却乃自然成立，故难以似德国等政体般突然实现。……板垣此人亦从小室、古泽处学得零星英语，余不得不说，其英语之奇怪，令余不仅想笑，亦对其失望，愚弟等有时亦甚为遗憾。①

看到"从小室、古泽处学得零星英语"这句话时，笔者脑海里不禁浮现出板垣退助用蹩脚的日式英语努力和刚从欧美回来的木户孝允交流的有趣场景。与此同时，这封信还暗示了一个重要的问题，即早在1875年4月14日颁布《渐次建立立宪政体之诏书》之前，英国模式派和德国模式派已经产生了对立。

第二，如本章第2节所述，津田真道在其论文（1874年6月）中声称听到了设立"华族会议"的风声。如今"华族会议"真的成立了，那就是以通晓欧美情形的政治家为中心的"元老院"。对此，旧藩主势力颇为不满。为了使大家充分了解元老院的性质以及左大臣岛津久光的不满，虽然有些冗长，笔者还是决定把当初被任命为元老院议官的13人姓名罗列如下。

胜海舟（参议兼海军卿）、山口尚芳（外务少辅）、河野敏镰（权大判事）、加藤弘之（三等侍讲）、后藤象二郎（前参议）、由利公正（前东京府知事）、福冈孝弟（前参与）、吉井友实（前民部少辅）、陆奥宗光（前大藏省租税头）、松冈时敏（正五位）、鸟

---

① 井上馨侯伝記編纂会『世外井上公伝』第二巻、634頁。

尾小弥太（前大阪镇台司令长官）、三浦梧楼（前东京镇台司令长官）、津田出（陆军少将）。

我们可以按照各种方式将这 13 个人分类，不过总体而言，可以将其分成推动"大阪会议"的长州派和土佐派，以及幕末时期的洋学学者。

当这种成员结构的元老院被设定为"上院"的原型时，"幕末议会论"中一直被视为"上院"中心的旧藩主当然会表示反对。尤其是萨摩的岛津久光，幕末"上院构想"曾把他作为核心成员。其实为了安抚住时任左大臣的岛津久光，政府曾打算把他任命为元老院议长。可是早前已被任命为元老院副议长的后藤象二郎表达了反对意见，岛津久光因此被排除在元老院之外。

在这样的背景下，伊达宗城（旧宇和岛藩主）、池田庆德（旧鸟取藩主）、池田茂政（旧冈山藩主）、立花鉴宽（旧柳川藩主）、松浦诠（旧平户藩主）等人拥戴左大臣岛津久光，要求把政府中的各省一分为二，一部分归右大臣（岩仓具视）管辖，一部分归左大臣管辖。也就是说，"大阪会议"以来木户派和板垣派致力于立宪制的过渡，这一过程引发了原本有望成为"上院"议员的旧藩主等的反击。

第三，留在政府的内务卿大久保利通、大藏卿大隈重信等人虽然默认了木户孝允和板垣退助的"立宪制过渡论"，但他们其实并不热心。关于这一点下章将详细探讨，在此仅引用土佐保守派佐佐木高行写于 1875 年 5 月的日记。

　　五月下旬，某人来访日。近来岩仓〔具视〕公亦有相当为难之缘故。此前但凡有事，姑且可与大久保氏轻易商谈。今番改革以来，大久保无论何事，不独与左毫无瓜葛，且只专心承担内务之职务。岩公纵然邀约商谈，亦不参与。而木户、板垣则在三条公下做事，岩仓之光景颇为独立〔孤立〕。①

如果按照历史学界的主流说法，即大久保利通、木户孝允、板垣退助三人在 2 月 11 日的大阪会议上决定引入立宪制，那么不仅是木户孝允，大久保利通也该成为天皇颁布《渐次建立立宪政体之诏书》的推动者之一。然而事实上，"今番改革以来，大久保无论何事，不独与左毫无瓜葛，且只专心承担内务之职务"。

6　立宪制过渡的挫折与江华岛事件

除了上节列举的三个不稳定因素以外，又有两件事起到了火上浇油的作用，即板垣派要求"内阁与诸省分离"以及日朝关系的紧张。前者导致木户派和板垣派的对立极度激化，后者导致政府需再次顾及军部和鹿儿岛的动向。

如前文所述，1874 年的"台湾出兵"始于 5 月，终于 10 月。从大阪会议到 1875 年 4 月明治天皇颁布诏书，日本出现了一定程度的民主化进程，而这一进程正是以"台湾出兵"的结束为背景。换言之，日本各界针对萨摩势力对外冒险政策的责难恰恰成为支持引入立宪制的力量。可想而知，当 9 月 20 日发生江华岛事件时，

---

① 東京大学史料編纂所編『保古飛呂比　佐々木高行日記』第六巻、271 頁。

日本各界的倾向很有可能再次发生逆转。

我们先从"内阁与诸省分离"这个导致立宪派内部对立达到顶点的问题看起。虽然 1875 年的"内阁与诸省分离"问题不怎么为人熟知，不过在 1885 年 12 月内阁制度建立以前，这个问题早已多次成为日本政坛纷争的导火索。

内阁制度建立以前已有"内阁"。这句话听起来似乎有些奇怪，可是到底以权威政治家为中心，还是以能吏为中心来决定一个国家的基本政策，这个选择题早在内阁制度建立以前就已存在。反而是从 1885 年日本建立内阁制度起，这个反复引起纷争的问题才得以平息，定下了将权威政治家与能吏一体化的格局。

让我们把话题转回到 1875 年。这一时期的"内阁"是指正院，包括 3 位大臣和 9 位参议；"诸省"则有 8 个省，包括外务、内务、大藏、陆军、海军、司法、工部、开拓使。并且在这个时间点，除了刚刚回归参议职位的木户孝允和板垣退助以外，其他所有参议都兼任某个省的长官。例如，参议兼外务卿寺岛宗则、参议兼内务卿大久保利通、参议兼大藏卿大隈重信、参议兼开拓使长官黑田清隆。

笔者列举的这 4 位参议兼某省长官中，除了大隈重信以外，其他 3 位都是旧萨摩藩士。然而需要指出的是，大隈重信自从 1873 年脱离木户派以来，早已成为大久保内务卿的"右臂"。顺便说一句，大久保利通的"左膀"是北海道开拓使长官黑田清隆。如此一来，内务省、大藏省、开拓使这三个与"殖产兴业"关系密切部门的最高长官都被大久保派独占了。

其实除了引入立宪制以外，"大阪会议"的另一个目的是夺回与内政相关的部门要职。虽然只有木户孝允对此并不热衷，不过他的心腹井上馨因为曾在 1873 年 6 月被大隈重信赶出大藏省，所以从某种意义上来说，井上馨比板垣退助还要热衷于夺回要职。

1875 年要求"内阁与诸省"分离的目的正是为了夺回内政各省的要职。这种行为无论在哪个时代的政界都不稀奇。有时大义名分与其背后的权力动机一致，有时则不同。1875 年的立宪派提出，为了实现国家的良好运营，"内阁"应由维新功臣担任，省厅应由能干且具备专业知识的中坚力量掌控。可是从如下史料可以看出，在其言辞背后，其实潜藏着其他的权力动机。

本章曾多次提及古泽兹的名字。古泽兹留有相关文书，以下史料就在这批文书里。该史料虽然没写明时间，但却意味深长，揭示了"大阪会议派"的分裂原因，因此笔者在此引用全文进行说明。

记

为履行二月大阪盟约，需签订过去议定项目之条约书。

该条约中所云，乃开设真正国会之目的，以及预定其期限。

分离内阁与诸省后，为更加保持立法、行政之均衡，不可不使行政之力专一。即选择目的一致、气脉相通之人，使其合为一体。

内务卿　井上馨〔现职　大久保利通〕

内务大辅　小室信夫

外务卿　伊藤博文〔现职　寺岛宗则〕

司法卿　陆奥宗光〔现职　大木乔任〕

一等判事　河野敏镰〔土佐〕

大藏卿　涩泽荣一〔现职　大隈重信〕

大藏大辅　冈本健三郎〔土佐〕

陆军卿〔无记述，可能是让山县有朋留任〕

陆军大辅　林有造〔土佐〕

海军卿　津田出〔前大藏少辅〕

工部卿　大隈重信〔现职　伊藤博文〕

文部卿　福泽谕吉

元老院议长　后藤象二郎

东京府知事　中岛信行

以上仅为小生等人之鄙见，如今尚不足以示于板垣。不过，如上构想若能实现，愚以为所谓调和之精神得以树立，且此种调和应能长久。①

大致而言，这个构想是把大久保利通一派所掌控的内务、大藏、外务三省的要职交接到木户孝允手下，而板垣退助派则在木户派长官手下担任次官。

为了推测这份重要史料出现的时间，我们有必要阅读木户孝允批评该构想急于求成、有失分寸的书信。这封信写于1875年9月1日，收信人是井上馨。

板垣实则心胸狭隘、顽固狷介，全无区分轻重缓急、处理难事之气魄。举例而言，但凡元老院不成真正之立法院，其必

---

① 「古沢滋関係文書31」国立国会図書館憲政資料室蔵。

不肯让步。彼时本于四月十四日之诏郑重强调"渐次""轻进
急为"等语，然则全无用处。所谓约定、协议等，实则自始
至终毫无作用。

　　至于正院分离论，若就此分离，则现场愈发难以收拾，渐
成昨日余所描述之情形。大久保亦必将不会甘心。①

　　从引文最后一段可以推测，古泽兹那段没有记载时间的史料应
该是由板垣派起草于 9 月 1 日前后。1875 年 1 月 22 日，木户孝允、
板垣退助、井上馨、小室信夫、古泽兹开展五人会谈，立宪政治的
支持者就此联合。可是到了同年 9 月 1 日前后，这个联合已经濒临
瓦解。

　　此外，木户孝允的这封信还包含着一段不容忽视的记述。他承
认，他在 1875 年 4 月 14 日的《渐次建立立宪政体之诏书》中添加
了牵制板垣派的语句。

　　引文中的黑点为木户孝允本人所添。现在让我们把黑点部分和
本章第 4 节引用的诏书相对比。确实，诏书里面也有"渐次建立国
家立宪之政体""莫轻进急为"等语句。笔者认为，木户孝允自己
和该诏书的起草有着密切的关联，而且"渐次""轻进"等语句都
是在获得板垣派同意的情况下添加的。

　　总而言之，木户派和板垣派虽然都以立宪制过渡为目标，却在
1875 年 9 月前后，因各自主张的速度不同而走向分崩离析的边缘。
就在这个时候，江华岛事件爆发。

---

①　井上馨侯伝記編纂会『世外井上公伝』第二卷、664 頁。

这次事件的主角是日本军舰"云扬号"。"云扬号"在对朝鲜西南海岸至中国沿岸进行航路调查时，在朝鲜的江华岛停泊。

当时，舰长井上良馨认为舰船缺乏淡水，考虑到"此地近海乃未通航未开化之地，若令士官探水或请水，自己亦感到不安"，于是亲率小艇前往江华岛炮台。"探水"应该是指寻找井水或河水，"请水"应该是指从江华岛炮台分得淡水。

因为江华岛炮台对小艇开炮，井上良馨于是立即返回"云扬号"，炮击江华岛炮台，并用两艘小艇运送 22 名水兵登陆，占领永宗城，命令俘虏把战利品运送至"云扬号"，然后返回日本。在返航途中，"淡水愈发缺乏，搜索诸地之后，终于发现一处树木繁茂之孤岛"，于是登陆找到河流淡水，补水后向长崎进发。

以上事件概要依据的是日本方面"云扬号"舰长提交的正式报告书。井上良馨是在事件发生两个多星期以后才提交的报告书，作为当事人，他很可能既有粉饰自己行为的动机，又有篡改事件经过的时间。可是在此前提下阅读该报告书时，我们仍能从某种程度上管窥事件的真相。

单从双方动用的武力来看，因为双方都有损伤，这个事件其实可以当场完结，不再扩大。一方面，虽然先动用武力的是朝鲜方面，但是日本方面未因炮击受到伤害。另一方面，虽说日本方面突然遭到炮击，但"云扬号"已经施加了足够多的报复，朝鲜方面 35 人死亡、16 人被俘，而日本方面仅有 2 人负伤。[1]

---

[1] 外務省編『日本外交文書』第八卷、日本外交文書頒布会、1956、130～131 頁。

　　可是，大久保利通两年前才推翻了派遣西乡隆盛作为使节前往朝鲜的决定，一年前又避开了与中国的正面开战。从国内情形来看，大久保利通不可能再继续对这个事件置之不理。同样，渐进立宪论的主张者木户孝允此时正被板垣退助为首的"左派"和岛津久光为首的"右派"夹击，因此也不可能忽视江华岛事件。

　　他们担心的是，萨摩的西乡隆盛会对江华岛事件做出何种反应。木户孝允此前在"大阪会议"上和板垣退助合作，决心"一扫芋"。可是如今很有可能不仅面临板垣退助的背离，而且还会被"芋"（萨摩）以江华岛事件为借口加以反击。这次，木户孝允决定和大久保利通联合，他想借助大久保的力量获得政府内萨摩派，特别是陆军的支持，以此摆脱内外的困境。关于这段史实，详情可参见 10 月 8 日木户孝允写给井上馨的信。

　　一、关于决意防备左大臣〔岛津久光〕之事，若与萨人未能达成合意，则防备自是利益较少，故而需加以用心。

　　据大山弥介〔大山岩、陆军少辅、明治七年自法国留学归来〕所言，其归朝后曾返回萨州，面见西乡。往年以西乡之征韩论为非，大加驳斥，且去年台湾之事以后，尚有征韩论之余派，虽亦大加驳斥，然则此后彼若遇见有隙可乘之时，往年之势头亦将重演。国〔鹿儿岛〕与陆军亦将难以安抚，毕竟势必不可委于拙者之手。如此这般云云。①

---

①　井上馨侯伝記編纂会『世外井上公伝』第二卷、690 页。黑点为笔者所加。

　　从这封信我们首先了解到，由于"台湾出兵"的事态没有扩大就结束了，出身鹿儿岛的西乡隆盛依旧坚持对外强硬论。第二，一旦出现诸如江华岛事件等国际问题（"彼若遇见有隙可乘之时"），不仅是鹿儿岛的西乡派，就连政府内部的陆军也将难以控制。大山岩是萨摩出身的实权人物，时任陆军省局长，所以他的话很有说服力。"国〔鹿儿岛〕与陆军亦将难以安抚"这句话充分揭示了当时政府内外的情况。

　　熟知这些情况的木户孝允在江华岛事件爆发的同时，大幅度转变了他一直以来坚持的外交和内政主张。他放弃了鸽派外交论，并且冻结了"立宪制过渡论"。在同一封信中，他的记述如下。

　　　　防备左大臣已是一大难题，此外又有朝鲜一事爆发，……终归无目标可加以节制，再者萨国与陆军之中皆已滋生大混乱，于是世间不平士族①及他人相互呼应之时，纵使一日亦势难维持。……故，弟〔木户〕已下定决心，将逐步与大山等人商议，处理朝鲜之残局，……终于行至此处。正如大山所言，若欲中止今日之势头，则萨与陆军必将难以安抚。②

　　如此这般，当10月末板垣退助以无法实现"内阁与诸省分离"为理由辞去参议一职时，木户孝允决定无视。他选择继续担

---

①　心怀不满的士族。——译者注
②　井上馨侯伝記編纂会『世外井上公伝』第二卷、690～691頁。

任参议并支持大久保利通，为解决江华岛事件尽心尽力。自 1874年 11 月以来，渐进派和急进派以立宪制的过渡为共同目标，开始携手合作。然而这场合作仅仅持续了大约一年，幕末时期以后的第二个"公议舆论"时代最终还是走到了尽头。

胡刚/绘

第六章

大久保利通的"富国"路线

大久保利通（1830～1878）

自年少时就和西乡隆盛关系亲密。明治政府成立后，成功实施版籍奉还、废藩置县等内政改革。西乡隆盛等征韩派参议辞职以后，大久保利通成为政府的核心人物，致力于维持日本的体制，最后被石川士族暗杀。

1　"富国强兵"与"富国强兵"

在日本近代史的几个关键词中，媒体人田原总一朗把"富国强兵"排到第一位。①

田原总一朗在撰写《日本的战争》时，曾经来过我在东京大学的研究室。记得那时候我正在办理退休手续，准备去千叶大学任教。所以我还清晰地记得，田原总一朗的来访是1998年3月末。

在那之前，虽然我常把"富国强兵"这个词组连在一起说，但一直在著作中强调，"富国"和"强兵"其实是两个互相对立的政策。因此，我告诉田原总一朗不应把"富国强兵"视为一个关键词。田原总一朗立即明白了我的意思，却仍追问道，他知道"富国"和"强兵"不同，可是到底是谁率先把"富国强兵"作为一个词组来使用的？

那是9年前的事情了。作为一名马上就要从东大退休的日本近代史专家，面对SUNDAY PROJECT节目组新闻工作者的"突然袭击"，我居然无法做出正面回答，现在回想起来都觉得汗颜。

这件事让我一直抱有遗憾，因此在阅读幕末时期横井小楠、佐久间象山、西乡隆盛、大久保利通的言论时，我特意查找了"富国强兵"这个词组。结果发现，9年前我的回答是正确的。

1864年，西乡隆盛谈论"富国之策"时，比起"富国"，他明

---

① 田原総一朗『日本の戦争』小学館、2000。

显更加重视"强兵"。与之相反，1860 年明确使用"富国强兵"一词的横井小楠主张的却是"富国论"，而非"强兵论"。[①]

尽管我很早就注意到"富国"和"强兵"这两个口号的区别，但是对于我们这代经历过 1960 年 7 月 19 日岸信介内阁结束、池田勇人内阁上台的历史学者而言，这种现象太过理所当然。

说到 100 万人示威运动，可能大家会认为这是一种夸张的表述，类似于"白发三千丈"之类。然而 1960 年 5 月岸信介内阁强行通过《日美新安保条约》后，日本确实爆发了规模多达 100 万人的示威运动。这 100 万个日本人先是强烈主张"和平与民主主义"，可是过了不到 1 个月，他们却转而被池田勇人内阁的"收入倍增计划"吸引。那时，一个大学前一天还能轻易聚集 2000 人参加示威，后一天却连 100 人都聚集不起来了。

今天的诸多研究已经证明，其实池田勇人内阁的"收入倍增计划"只是延续了岸信介内阁的经济政策，两者没有根本上的差别。可是从政治史的角度来看，为了反对岸信介内阁的安保改订，100 万日本国民愤然示威，而当池田勇人的收入倍增内阁成立后，他们却不再聚集在街头。毕竟，"强兵"内阁和"富国"内阁在政治史上截然不同。

2 内务省的职责

笔者在第一章已经指出，横井小楠作为幕末时期的"富国论"

---

① 参见本书第一章。

主张者，早在 1860 年就建议政府自行开设农产品试验场，致力养蚕、制丝、农具等项目的器械化，同时还应为原材料、肥料、工资等费用提供无息贷款。

重点是，横井小楠把"殖产兴业"定位为承继中国古代圣人对于"格物究理"的实践。也就是说，他把古代儒家的意识形态具体化，提倡增加生产、丰富民生。因此，他的这一立场使得"殖产兴业"成为明治维新的基本目标之一，和"强兵""立宪制"等旗鼓相当。

毋庸赘言，明治初年明确主张"富国"路线的是大久保利通。众所周知，1873 年 10 月，大久保利通反对"征韩论"，提倡"内治优先"。而在他反对"征韩论"的 7 条理由中，有 4 条与增加生产、丰富国民生活有关。

他的第二条理由是，日本一旦与朝鲜开战，就必须增税或募集外债，两者都会对国民生活造成不良影响。第三条理由强调，"征韩"会导致政府正在进行的"富国"大业停滞。第四条理由解释了大久保利通"殖产兴业论"的核心内容，即只要增加生产、增加出口，就能使其与进口相平衡，让国民富裕起来，而"征韩"则会导致这一方针受挫。第六条理由则阐释了英国经济侵略的危险性，认为"征韩"会使国民失去财富，诱发英国的经济侵略。①

为了实施上述"富国"政策，大久保利通于 1873 年 11 月成立了内务省。他把大藏省的劝业、户籍、驿递②、土木、地理这五个

① 勝田孫弥『大久保利通伝』下卷、同文館、1911、120～125 頁。
② 驿递寮主管交通通信。——译者注

与"殖产兴业"密切相关的寮（局）转移到内务省，并亲自担任内务省的最高长官。此后，在大久保利通内务卿、大隈重信大藏卿、黑田清隆开拓使长官、伊藤博文工部卿的主导下，一条不同于"强兵"和"立宪制"的路线就此实施，那就是"富国"路线。

3 "路线"与"现实"

如第四章所述，大久保利通和大隈重信从"富国"路线的立场出发，对"征韩论"表达了强烈的反对意见。可是"台湾出兵"明明会给日本政府带来更加严重的财政负担，他们的态度却相当积极。人数多达3000的日本军队在台湾驻留了五个多月，而且日本国内也在为对华开战做准备。江华岛事件发生前，大藏省租税头松方正义向政府发出如下警告：

> 正义左思右想天下之大势，现货①滥出，外债亦多。不仅如此，去年台湾之举，与清国之间已生纠葛，征师之军费花费巨万之现货，且已内议庙决〔政府决定〕，若和议不成，则募集国债，乃知国库或将空虚。……然则倘若今日又起征韩之兵，行军一日，不知将耗费几万现货。倘使终至举国现货一扫而空、唯存纸币之日，则恐陷于金融顿毁，国民失产，流离涂炭之境。②

---

① "现货"是明治时期对外国货币的称呼。——译者注
② 「松方正义文書」56 册、12 号、旧大藏省藏。

　　倘若大久保利通断然实行的"台湾出兵"和对朝武力外交（江华岛事件的处理方式）最终导致国库里的金银全部流失、唯有纸币留存，那么"殖产兴业"等都将化为泡影。我们也将不得不怀疑大久保利通并非真心坚持"殖产兴业"路线。

　　可是，政治世界与学术世界不同。在政治世界，人们不可能无视国内外的状况，一味追求自己的理想。如果大久保利通反对出兵台湾，那么不只是鹿儿岛的西乡派，就连政府内的海军也必将和他离心。如果不在江华岛事件上摆出强硬的姿态，那么大久保利通还将在鹿儿岛遭到旧萨摩藩实际藩主岛津久光的攻击。而且如上一章所述，就连军部中的陆军也将不再沉默。一旦大久保利通被逐出权力中心，那么殖产兴业就彻底没戏了。因此，大久保利通选择暂时冻结"富国"路线，而非直接放弃。

　　对于江华岛事件，大久保利通虽然摆出了对朝强硬的态度，但他其实是以避免战争爆发为前提。在这场外交交涉中，日本派出了5艘军舰，而且在28人组成的"使团"里，陆军士官占了大约一半。从这点来看，我们不得不承认这是一场典型的炮舰外交。然而需要注意的是，大久保利通为了防止谈判破裂，一方面让鹰派的黑田清隆担任全权正使，另一方面让鸽派的井上馨担任副使。关于这一点，可参见1875年12月13日大久保利通写给伊藤博文的信。

　　　　余关心井上氏之行为如何。……今番政府派遣使节之旨趣，余以为到底以和平为主要目的，再无其他。……务请井上氏奋发辅佐，并竭尽全力。此乃余所千万祈望者。……余亦曾与黑田详谈，虽不怀疑黑田将会草率行事、贻误大事。然则不

可避免，人各有擅长与不擅长之事，故政府需再三注意，令可
补黑田之短之人加入。①

联系"不可避免，人各有擅长与不擅长之事"与"草率行事、
贻误大事"这两句话，可知黑田清隆擅长打仗，井上馨擅长维护
"和平"。与1874年大久保利通与清政府交涉时相同。这次，他仍
然表面上装作强硬外交，实际上却希望实现和平谈判。

4 "富国"路线的回归

当1876年3月日本和朝鲜公布《江华条约》，江华岛事件宣告
解决时，大久保利通重新实践他的"富国"路线。同年4月，他
向太政大臣三条实美提交了《关于国本培养之建议书》，强调"劝
励民业，开殖物产"是当务之急。

大久保利通在建议书中指出，国家最需要的是"实力"，"实
力"归根结底是通过"内外进出口的统计"来衡量。他的"富国
论"非常大胆直率，认为宪法等法律、政治制度、军事实力、教
育的完备等，全都依靠进出口的增长及均衡。②

该建议书还有一点值得注意。正如已故学者佐藤诚三郎在论文
《大久保利通》中明确指出的那样，大久保利通把政府主导的工业

---

① 伊藤博文関係文書研究会編『伊藤博文関係文書』第三巻、塙書房、
1975、232 頁。

② 日本史籍協会編『大久保利通文書』第七巻、東京大学出版会、1969、
76 頁。

化视为"变法",并且大胆地肯定了这一行为。① 大久保利通曾说过这样一段话:

〔关于〕开发诱导民业、奖励引导贸易之事务,若不作为政府之任务,而是放任人民自行发展进步,则时光荏苒,数载过后,岂不衰落至极乎?此乃国势急中之最急,虽不可称之为政理之正则,然不得不谓其为时势变法不可或缺之要务。②

即使是在第二次世界大战后,在众多后发资本主义国家中,仍能经常看到所谓的"开发独裁",③ 即"自上而下的工业化"。大久保利通瞄准的目标正是类似于"开发独裁"的原型。

既然大久保利通坚持这一主张,那么他的"富国"路线必然与内乱、对外战争难以并存。他也确实认识到了这一点,所以当1876年3月正式缔结《江华条约》后,他认为所有妨碍他实施"富国"路线的要素都已清除。江华岛事件解决后一个多月,他在建议书中宣告,内战和外战的时代终于结束。具体内容如下:

内有佐贺之变动,④ 外有征台之一举乃至朝鲜之事件。在

---

① 佐藤誠三郎『「死の跳躍」を超えて――西洋の衝擊と日本』都市出版、1992。

② 日本史籍協会編『大久保利通文書』第七卷、80頁。

③ "开发独裁"的英文表述是"developmental dictatorship"。——译者注

④ "佐贺之变动"是指"佐贺之乱"。1873年,参议江藤新平因"征韩论政变"下台。翌年2月,以佐贺出身的江藤新平为中心,旧佐贺藩士族发生叛乱。该叛乱很快就被平息。——译者注

此无可奈何之际，无法施展全力，以救偏倚衰耗。今幸此类事件妥善解决，内外重归恬安无事。故而当此之际，不应安于小康，理应夙夜奋励，竭尽全力，鼓舞国家之精神，巩固政治之基础。臣不敢隐瞒己之想法，深信实现此目标之关键在于，劝励民业、开殖物产。①

在阅读了本书第一章西乡隆盛于元治元年（1864）九月写给大久保利通的信后，想必读者不会再责怪大久保利通未能预见到1877年与西乡隆盛的内战。

5 "开发"与"专制"

上文已经指出，大久保利通瞄准的"自上而下的工业化"路线与西乡隆盛等人针对亚洲的战争路线难以并存。如松方正义所言，如果对外战争把国库里面的金银全都花完，日本不可能仅仅使用纸币来完成工业化。毕竟，无论是东部"横纲"（富冈制丝所）推进生丝生产的机械化，还是西部"横纲"（大阪纺织会社）推进国产棉纱的大量生产，两者都必须从海外进口机器。②

特别是大阪纺织会社，开办官营纺织所需要非常多的外汇，因

---

① 日本史籍協会編『大久保利通文書』第七卷、77 頁。
② "横纲"是日本相扑运动员的最高等级。作者所说的东部"横纲"是指群马县的富冈制丝所，又称富冈制丝厂、富冈纺纱厂，它与八幡制铁所、造币局并称日本三大官营工场。西部"横纲"是指大阪纺织会社。——译者注

此不可能用日本纸币来实现工业化。另外在工业化初期，战争不能使重工业大发横财。一言以蔽之，明治时代初期"强兵"路线与"富国"路线的方向完全相反。

不仅如此，"富国"路线与"立宪制"路线也是对立的关系。倘若立宪制已经实施了十多年，比起减税，议会可能会更加希望铺设铁路。可是，议会刚刚设立之时，他们首先会要求减税，并且为了实现这一目的，他们会要求削减财政预算支出。既然大久保利通等人希望由政府来主导推进工业化，他们就不可能积极支持议会的设立，毕竟议会必将要求减税。

在讨论 1873 年 10 月的"征韩论政变"时，人们往往把大久保利通和木户孝允合称为内治优先派。因为"征韩"、"征台"、江华岛事件等都是西乡隆盛及军部鹰派的主张，而大久保利通持消极态度，木户孝允则表示反对。

可是一旦深入讨论"内治"的内容，"富国"路线与"立宪制"路线立刻站到了彼此的对立面。从 1875 年 2 月 11 日的"大阪会议"到 4 月 14 日的《渐次建立立宪政体之诏书》，日本迈出了向立宪制过渡的第一步。① 尽管大久保利通、大隈重信以及与政界关系密切的商人五代友厚等富国派都没从正面反对立宪，但是他们自始至终都表现得漠不关心。

"大阪会议"结束后，木户孝允重新担任参议，紧接着民选议院派的板垣退助也于 3 月 12 日回到了参议的职位。就在这一天，身在大阪的五代友厚给大藏卿大隈重信写信，相关内容如下：

---

① 参见本书第五章。

传闻木户复出以来，阁下频频申诉各种问题。若因不得已之事乃至退职，宜早日来阪。决不使阁下感到不便。虽则原本无需多言，愚以为甲东①亦可如此。在此之前，还望忍耐。②

2月11日，大久保利通、木户孝允、板垣退助在"大阪会议"达成协议。此后，木户孝允和板垣退助相继回归参议一职。就在他们正要迈出向立宪制过渡的第一步时，五代友厚写下了这封书信。五代友厚劝慰大隈重信道，万不得已时可以辞掉大藏卿的职务，前来大阪，到时绝不令他感到束手束脚。从信件内容可以看出，对于立宪制的过渡，大久保利通的心腹相当苦恼。

同样，从大久保利通写给五代友厚的信中也能看到这种心情。"大阪会议"后，大久保利通、木户孝允、板垣退助、伊藤博文4人从3月中旬起担任"政体取调御用"（政体调查员），参与审议元老院的设立及其他政府改革事项。就在这一时期，大久保利通3月23日给五代友厚写信道：

此地并无显著变化之事。余以为君可渐渐从报纸上得知戏剧之场景。所谓世间，寡淡无味，心中已明。余千祈万祷，终有一日，得有时节，可逍遥于花鸟风月。多余之语，不过痴人说梦，搁笔不言，还望海涵。③

①　"甲东"是大久保利通的雅号。——译者注
②　财团法人日本経営史研究所編『五代友厚伝記資料』第一卷、251 頁。
③　『五代友厚伝記資料』第一卷、253 頁。

对于井上馨、小室信夫、古泽兹这三位"大阪会议"的策划人来说，3月23日这段时期，他们正热切期待着尽快取得胜利的果实，因此不可能写出这么心灰意冷的信件。虽然不知道大久保利通信中的"寡淡无味"到底具体是指什么，但是我们基本可以确信，和上文提到的五代友厚、大隈重信一样，大久保利通也对"大阪会议"之后的政局深感失望。

6　大久保找回自信　井上馨倍感失意

如前文所述，1876年3月江华岛事件告一段落后，大久保利通变得和前一年2、3月时截然不同，突然信心十足地向政府提交了《关于国本培养之建议书》。然而立宪派的木户孝允和井上馨却与重新找回自信的富国派形成了鲜明的对比。

4月初的大久保利通颇为意气风发，他在《关于国本培养之建议书》中写道，江华岛事件解决之际，正是全力发展"殖产兴业"之时。同样是在这一时期，木户孝允却在写给井上馨的信中表达了退出政坛的愿望。

> 弟〔自己〕今世已无更多企望，也无其他耗尽终生拼搏之事，意欲静度余年。然则今日〔内阁〕顾问云云，在此无可奈何之时，实难初始即断然请辞。故姑且应承，欲沉默工作四五月，然后设法前往西京〔京都〕，幽栖度日。偶尔亦可赶赴东京。①

---

① 井上馨侯伝記編纂会『世外井上公伝』第二卷、717頁。引文写于4月2日。

1875 年初立宪派全盛之时，富国派的大久保利通想要"逍遥于花鸟风月"；1876 年富国派找回自信时，又轮到立宪派的木户孝允希望"幽栖"京都。之所以有人把大久保利通和木户孝允一概视为内治优先派，是因为他们不了解"内治"内容的具体差异。

对于与民选议院派的合作事宜，比起木户孝允，井上馨显然介入得更深。因为这个缘故，当江华岛事件平息、富国派找回自信时，井上馨的挫败感更强。他与民选议院派的小室信夫、古泽兹共同谋划的立宪制过渡，居然因为江华岛事件这个对外危机而惨遭搁置。

如本章第 3 节所述，大久保利通等人委派井上馨担任副使的目的在于劝解黑田清隆不要"草率行事"。1876 年 4 月 2 日，井上馨致信木户孝允："朝鲜之行，心中亦难以平静。成为黑田之副官，舍弃自己之名誉，因〔萨长之间〕平均论而违背本心。"

井上馨的挫败感不仅源于未能顺利推进立宪制过渡。1873 年 5 月被迫辞去大藏次官一职之前，他一直主张实行稳健的财政政策（"健全财政论"），可是大久保利通却主张实行积极的财政政策。

从"健全财政论"到"立宪制过渡论"，井上馨一路受挫。大久保利通和木户孝允失意时还只是嘴上宣称想要"逍遥于花鸟风月""幽栖度日"等，而井上馨的失意显然已经无法通过语言来排遣。对井上馨而言，萨摩派虽然已经分裂成富国派和对外战争派，可他还是深感一时难以对抗整个萨摩势力。《江华条约》成功签订后，他凭借出使之功，要求政府委派自己以考察欧美各国财政金融的名义出国三年。1876 年 6 月，井上馨启程前往旧金山。

出国期间，井上馨深入调查了欧美的相关情况。9 月移居伦敦后没多久，他就开始邀请中上川彦次郎和小泉信吉每周六前来"轮讲政治经济学之书"。[1] 中上川彦次郎和小泉信吉是福泽谕吉的学生，1874 年起留学英国。

井上馨留学期间，大久保利通内务卿、大隈重信大藏卿、伊藤博文工部卿终于展开了三重奏，实践"富国"政策，开始保存预算方面的相关证据。[2] 如前文所述，大久保利通提交了《关于国本培养之建议书》。他在建议书中强调，虽然本年度政府采取预算零增长的财政方针，但是由于内务省的殖产兴业尤为重要，因此请求给予特例。

大久保利通的意见得到了通过。1875 年内务省的预算是 230 万日元，而在 1876 年增长到 370 万日元。也就是说，1876 年内务省增加了大约 140 万日元的预算，增幅约达 60%。[3] 时代变迁，如大久保利通所言，1874 年出兵台湾，1875 年发生了江华岛事件，1876 年却发生了翻天覆地的变化，眼看就要成为殖产兴业元年。

不仅如此，为了使殖产兴业的预算不只在这一年度得到保证，大久保利通还把目光投向了不久即将正式实施的"秩禄处分"（把士族的俸禄转化为公债）。考虑到一旦实施"秩禄处分"，每年能

---

[1]　参见 1876 年 10 月 9 日井上馨写给木户孝允的信。
[2]　伊藤博文主张建立健全的中央财政，注重保留账册等相关证据。参见本书第三章第 1 节。——译者注
[3]　明治財政史編纂会編『明治財政史』第三卷、吉川弘文館、1971、218～225 頁。

减少 300 万日元的财政支出，于是他在 1876 年 5 月与大藏卿联名提议，以每年 100 万日元、30 年 3000 万日元为担保，发行同等金额的殖产兴业票据。因为"秩禄处分"实施于 1877 年，[①] 所以大久保利通等人在这一阶段应该只是提出了一个构想而已。不过到了 1878 年 5 月，政府开始发行"起业公债"，计划募集 1250 万日元的公债。如后文所述，这一举措与 1876 年大久保利通等人的提议密切相关。

7 "富国"路线与削减地租

大久保利通指出，江藤新平发动的"佐贺之乱"是导致"富国"路线进展缓慢的主要原因之一。事实上，比起国内的动乱，"台湾出兵"、江华岛事件等对外事件才是阻碍当时"富国"路线的最大因素。不过，1876 年末发生了一个重要的历史事件，那就是反对地租改正的暴动。阻碍后来"富国"路线的最大因素就此产生。

大致而言，地租改正是指，政府承认一直以来缴纳地租的农民对其土地拥有所有权，作为交换条件，农民每年需缴纳固定数额的地租。细枝末节上虽然有些差异，但是简单来说，如果我们把农民的土地视为资本，把农民从土地中获得的年收入视为利润，就可以通过当时的利率计算出土地的价格。比如说，如果利率为 5%，种植水稻获得 100 日元的收入，就把土地的价格认定

---

① "秩禄处分"的实施应为 1876 年 8 月公布金禄公债条例时。——译者注

为 2000 日元。

政府的目标是每年获得同等数额的地租，所以政府计算出来的地价是固定的，与实际地价不同。用固定的地价乘以固定的税率（当时是 3%），得出来的数字就是地租。当然，自耕农耕种的土地与佃农耕种的土地的地价算法不同，在此不详细说明。

因为政府在计算地价时把当时的米价代入了公式，可想而知，如果地租改正后实际的米价与计算地价时的米价相差很大，那么政府和农民当中必然有一方会损失惨重。1876 年末，三重县发生了大规模的农民暴动。究其原因，计算地价时，平均米价是每石 5 圆 19 钱；实施地租改正时，米价为每石 3 圆 50 钱。农民的实际收入减少，却要缴纳高昂的地租，于是 1 万多名农民揭竿而起。

1876 年 12 月，茨城县、爱知县、岐阜县、滋贺县、堺县①也发生了反对地租改正的暴动。考虑到 3 个月后，也就是 1877 年 2 月西乡隆盛发动了最大规模的士族叛乱，我们不难理解为何政府没有选择单纯用武装力量来镇压农民暴动。

举例而言，滋贺县知事笼手田安定给大久保利通的亲信五代友厚致信道："倘若置之不理、任其壮大，万一各县人民暴动，心怀不满之士族与其呼应，且万一大有作为之人大举谋夺天下，恐怕水往低处流，人往卑处走。"②很明显，"大有作为之人"是指鹿儿岛的西乡隆盛。

---

① 堺县设立于 1868 年，1881 年并入大阪府。——译者注

② 财团法人日本经营史研究所编『五代友厚伝记資料』第一卷。信件日期为 12 月 30 日。

当农民掀起反对地租改正的暴动时，政府担心西乡隆盛趁机作乱，因此决定对暴动的农民采取怀柔政策。1877年1月4日，政府断然决定降低地租。这次减税史称"地税减五厘"，不过它的意思不是说把原来的地租直接降低0.5%，而是把税率从3%降低到2.5%。如前文所述，地租等于法定地价乘以税率，这样算下来，地租相当于降低到原来的六分之五（83%）。

这次减税削减了大约17%的地租，可谓是一场大减税。然而减税容易增税难，自此以后直到1900年，地租的税率整整23年一直保持在2.5%，政府没有一次增税成功。

虽说这次减税是不得已而为之，可是这么大额度的减税无疑会给大久保利通的殖产兴业政策造成沉重的打击。1877年的地租比1876年减少了大约700万日元。考虑到当时日本的财政支出总额大约为6000万日元，可以想象，700万日元的减税必然会迫使政府大幅缩减开支。

大久保利通的运气确实不好。从1873年担任内务卿以来，他的"富国"路线在这三年间一直进展得磕磕绊绊。1874年遇上了"台湾出兵"，1875年发生了江华岛事件，1876年爆发了反对地租改正的暴动，这些事件导致"殖产兴业"的资金来源一再减少。更糟糕的是，1877年2月明治新政府遭遇了成立以来最大的内乱，那就是西南战争。

胡刚/绘

第七章

"维新三杰"之死

木户孝允（1833 ~ 1877）

　　曾跟随吉田松阴学习，后来前往江户学习兰学。作为长州藩的核心人物与萨摩藩缔结"萨长同盟"，明治维新后参与起草"五条御誓文"。明治政府成立后，木户孝允担任参议，曾作为岩仓使团的副使赴欧美考察，为立宪制的确立贡献了力量。

1　明治的近代化与西乡隆盛

如果没有西乡隆盛，德川庆喜不会决意大政奉还，王政复古也不会发生；如果没有西乡隆盛，"官军"不会在鸟羽、伏见之战取得胜利，废藩置县也无法顺利进行。至少在上述四个事件当中，我们很难想象没有西乡隆盛的情况。进一步来看，1877 年在西南战争中打败西乡军的是农民军，而如果没有"留守政府"中权势最大的参议兼陆军大将西乡隆盛的同意，日本不可能引入征兵制、组编出农民军。

如此看来，西乡隆盛在明治维新的所有近代化政策中都发挥了巨大的作用。并且，西乡隆盛的功绩绝不仅仅是下属做事、上司领功这么简单。如本书第一章所述，西乡隆盛曾在幕末时期与胜海舟进行了第一次会谈，当时他就已经吸收了佐久间象山的近代化理论，并且从胜海舟那里了解到了大久保忠宽的封建议会论。也就是说，在理论和思想层面，他完全能明白大久保利通的"富国论"和木户孝允的"立宪制论"。说到这里，读者可能要问，西乡隆盛为何要发动一场没有胜算、没有前景的叛乱？

其实，西乡隆盛完全能规划出胜利后的前景。1889 年，日本公布明治宪法；1890 年，日本召开第一届帝国议会。事实上，西乡隆盛早在 1864 年就思考过宪法和议会的问题。有人说西乡隆盛打算在西南战争取得胜利后建立士族独裁国家，那是因为他们不了解幕末及明治初年西乡隆盛的思想与实践。至于"富国强兵"，同样也是西乡隆盛思考过的问题。西南战争后过了三年，也就是1880年，参谋总长山县有朋提出了以中国为假想敌的"富国强兵论"。[1] 而西乡隆盛从幕末时期到明治初年以来，早就鼓吹并参与实施这一主张。

即使1877年西南战争的胜利者是西乡隆盛，想必日本还是会建立宪法体制，并且1894年可能会变得与历史上的1894年不同。考虑到1874年"台湾出兵"前后的政局，或许日本与中国之间的战争会更早爆发，而且日本同样可能取得胜利。从这点来看，相较于西乡隆盛的实际主张，后世对他的思想和实践评价明显过低。

那么，在西南战争时，西乡隆盛的军队到底有无胜算？

如果当时的海军次官川村纯义和熊本镇台参谋长[2]桦山资纪和西乡隆盛一样是重信义之人，可能西乡隆盛的军队就会取得西南战争的胜利。

如本书第一章和第二章所言，西乡隆盛在和胜海舟初次会谈时就心服口服，三年半后他与胜海舟因"江户无血开城"一事再次会谈。因为信赖胜海舟，西乡隆盛力排众议，近乎专断地下令东海道、东山道、北陆道三军停止进军。西乡隆盛就是这样一个人物，一旦将信任付诸他人，他就会一直信任下去。

此外还有不少事例。比如在第二章里，鸟羽、伏见之战眼看就要爆发，西乡隆盛遵守自己和土佐藩倒幕派的约定，把谷干城叫来，要求对方尽快将此事告知板垣退助。当时，土佐藩内部已经分

---

[1] 大山梓編『山県有朋意見書』。

[2] 熊本镇台参谋长地位仅次于镇台司令长官。

裂成主战派和中立派，倘若西乡隆盛没那么讲义气，那么土佐藩在戊辰战争后的影响力势必剧减。

又比如在第四章里，废藩置县之前，萨、长、土三藩藩兵组编为御亲兵。其实，政府当初打算组建由萨、长两藩藩兵构成的御亲兵，如果西乡隆盛直接率领萨摩藩兵上京，这件事就能立刻定下。然而那个时候，是西乡隆盛自己主动提出要把土佐藩兵加进来，理由之一很可能就是板垣退助率领的土佐军团在戊辰战争中发挥了不小的作用。

因为西乡隆盛自己是一个非常重信义的人，所以他往往以为别人应该和他一样。1877 年 2 月 11 日，就在鹿儿岛的西乡军向熊本城进发的 4 天前，西乡隆盛曾讲过如下一段话。

> 十年 2 月 11 日，日照后降雨，寒冷。……西乡曰，川村〔纯义、海军大辅〕十有四五支持我方。熊本有桦山资纪〔镇台参谋长〕、我军若向肥境〔熊本县境〕① 进发，则一、二大队之台兵皆将归我，……②

这段史料的作者是市来四郎。市来四郎当时在鹿儿岛亲眼见证了西乡军的动向。虽然这份史料不是日记，但从开头那句"日照后降雨，寒冷"可以推测出，市来四郎是参照自己当时的日记描述了相关的场景。由此可见，该史料可信度很高，西乡隆盛在作战

① 熊本藩，又称肥后藩。——译者注
② 市来四郎「丁丑擾乱記」鹿兒島県維新史料編纂所編『鹿兒島県史料·西南戦争』第一巻、鹿兒島県、1977。

会议中很可能真的讲过这段话。

如本书第四章所述,"台湾出兵"眼看就要激化成日本与中国之间的战争,川村纯义向三条实美太政大臣建言,应把鹿儿岛的西乡隆盛召回,任命他为元帅,担任"统辖两军"的最高司令官。从"台湾出兵"到西南战争爆发,中间不过隔了两年5个月的时光,所以西乡隆盛完全有理由期待海军次官川村纯义会响应他的号召。

另外,同样在本书第四章,镇台司令长官谷干城回顾道,西乡隆盛的左膀右臂桐野利秋曾派心腹桦山资纪前往台湾侦查,而且桦山资纪还向熊本镇台提交了报告书。因为他们之间有着这样的渊源,所以当西乡隆盛和桐野利秋向熊本城进发时,他们有理由相信,掌控熊本城内三大队步兵的桦山资纪极有可能投向西乡隆盛一方。毕竟从上文可以看出,幕末以来,西乡隆盛一贯重信义,如果是西乡隆盛自己站在川村纯义和桦山资纪的位置,恐怕他会亲自率领军舰和镇台兵前去支援。不仅是西乡隆盛这般认为,一同出席作战会议的鹿儿岛县令大山纲良也和西乡隆盛一样乐观。

　　熊本应有五组料理等待品尝。马关〔下关〕应有川村迎接之汽船。可身着外衣,意兴盎然,赏花吟咏。……①

倘若2月中旬举兵拿下熊本城,然后在下关乘坐前来迎接的军

---

① 市来四郎「丁丑擾乱記」鹿兒島県維新史料編纂所編『鹿兒島県史料・西南戦争』第一卷。

舰，那么由濑户内海向大阪一路航行时，正好可以观赏樱花盛开的景象。

然而现实却和想象全然不同。桦山资纪没有投奔西乡隆盛，川村纯义海军次官也没有派军舰到下关迎接。西乡隆盛太过理所当然地以为其他人和他一样知恩图报、重视信义。

川村纯义和桦山资纪之所以背离西乡隆盛，不仅仅是因为他们作为海军次官和镇台参谋长，早已随着时间的推移被体制同化，继而忘记原本的理想，即使他们非常看重和西乡隆盛的交情，如果没有占据"大义"，作为军人，他们不可能对自己的组织拔刀相向。

在这里，"大义"是指和中国这个当时东亚的最强国一战。1874 年 9 月，川村纯义呼吁把西乡隆盛召回政府，让其担任最高司令官，是因为他以为日本和中国马上就要打仗。此外，桦山资纪曾在桐野利秋担任熊本镇台司令长官时前往台湾侦查，这是为即将发生的"台湾出兵"做准备，而当时日本政府也确实出兵台湾。

如前文所述，1874 年 10 月末，日本和中国签订互换条款，两国之间剑拔弩张的局面消失；1875 年，江华岛事件导致日朝关系恶化，《日朝修好条规》的签订让这一紧张局面暂时得到缓和。换言之，当 1877 年 2 月西乡隆盛举兵之时，无论是对华关系，还是对朝关系，都已暂时回归平静。

笔者曾在前文指出，西乡隆盛和大久保利通分别主张"富国强兵"和"富国强兵"。一言以蔽之，他们在东亚政策上持有不同的政见。至于木户孝允的"立宪制论"，其实西乡隆盛早在 1864 年就已承认"共和政治"的必要性，而那时的木户孝允还只是"攘夷论"的支持者。

也就是说，关于政见方面，西乡隆盛只在东亚政策上持不同意见。可是随着日中关系、日朝关系的缓和，他已无法和其他政要就此类问题展开争论。按理说，这个时候的西乡隆盛已经没有了举兵叛乱的理由。关于这一点，大约在西乡隆盛正式举兵一周之前，大久保利通向伊藤博文转达了密探的汇报，相关信件内容如下。

　　毫无疑问，此度暴举必乃桐野以下诸人之决断。证据在于，……1月下旬，西乡在日当山泡温泉，众壮士不分昼夜频繁拜访桐野〔利秋〕宅邸。西乡一直强调，〔政府〕必将与外国滋生事端，彼时再断然出击云云。桐野嘲笑此言早已过时。上述情况似为实情。①

西乡隆盛主张对东亚实行强硬外交，他只在这点和大久保利通、木户孝允形成对立。当西乡隆盛的叛乱失去了强硬外交这个“大义”时，政府内部的陆军、海军自然不会响应他的叛乱。事实上，西南战争爆发后大约两个月，政府方面就已锁定胜局。

并且需要指出的是，既然东亚政策此时已无法成为争议的焦点，那么西乡隆盛等旧萨摩军团的叛乱就只能算是“革命军叛乱”。明治元年，这些军人曾在鸟羽、伏见阻挡德川庆喜的武装力量，那时的他们是维新革命军；废藩置县时，这些军人为废除封建领主土地所有制提供了有力后盾，那时的他们是近代化革命军。

---

　　① 日本史籍協会編『大久保利通文書』第七卷、488頁。此信写于 1877 年 2月 7 日。

旧萨摩军团曾为革命立下汗马功劳，此时西乡隆盛唯一能做的就是倾听他们的声音。可是，当时日本没有国际争端，对外战争无从谈起，所以旧萨摩军团其实没有什么具体的"声音"。从这个角度来看，西乡隆盛陆军大将、桐野利秋陆军少将、篠原国干陆军少将在三人联名写给鹿儿岛县知事的信件中讲述了他们的起兵意图，内容颇为出人意料。

> 鹿儿岛县令　大山纲良　台启
>
> 　　吾等先前得有闲暇，卸职归县。今番有事欲询问政府，不日将从当地出发，故特此致函告知。因有旧兵队随行，人员众多，故请多加照应民众，勿使民心动摇。
>
> 　　　　　　　　　　　陆军大将　西乡隆盛
> 　　　　　　　　　　　同　少将　桐野利秋
> 　　　　　　　　　　　同　少将　篠原国干①

多达 15000 人的"旧兵队"② 拖着大炮向东京进发，他们的理由居然只是"有事欲询问政府"。木户孝允曾经评论道："兵队之骄慢恰如病后之药毒。"如果"病"字指代戊辰战争和废藩置县，那么木户孝允的评论可谓正中靶心。为了治疗这两种"病"，烈性药（萨摩军团）曾被过度使用。如今，药品的副作用终于显现出来。

---

① 春畝公追颂会『伊藤博文伝』中巻、統正社、1940、69 頁。
② 据说大约 15% 的士兵曾上过明治元年戊辰战争的战场。

虽说这只是一场由"革命"胜利后失去目标的"革命军"发动的叛乱，但是西乡隆盛率领的萨摩军团不会轻易败退。

按理说，如果把政府军全都动员起来的话，镇压鹿儿岛这一个县的叛乱完全不在话下。然而除了熊本镇台以外，其他5个镇台（广岛、大阪、名古屋、东京、仙台）都得走海路运送士兵和武器，这就需要耗费不少时间。也就是说，当时熊本城内只有2400名将士迎战西乡军。与其他5个镇台相反，西乡军只需走陆路就能迅速抵达同在九州岛的熊本城。据说西乡军有13000人，也有人说是15000人，整个军队在起兵之初就已完成了整编，共有5大队步兵和2大队炮兵。

2月22日，由两个旅团大约4000名将士组成的政府军从神户坐船抵达福冈。当这两个旅团到达熊本时，走陆路的西乡军早就在田原坂等地排兵布阵，政府军甚至无法和熊本城顺利取得联系。

不过，换个角度来看，西乡军也没能攻陷熊本城这个天下名城。3月13日，右大臣岩仓具视致信大久保利通，其中有几句话描述了当时熊本城与西乡军的胶着状态。

> 西陲之贼彪悍奋进，只知战死沙场。吾方凭借器械，用所谓"丸与栅"来应战，以此为上策。由最近战争之情形可知，彼之长处果然在散兵、狙击、拔刀、接战。我之将校士官，能力虽为彼之十倍，然则难以凭借征募兵之力，应对彼之长处。[1]

---

[1] 日本史籍協会編『大久保利通文書』第八卷、16～17頁。

萨摩军团擅长战斗，"征募兵"（征召而来的平民兵）则从城栅（城池的"栅"）里发射弹丸（"丸"）。这段话生动地描绘了萨摩军团与"征募兵"相持不下的场景。

因为遭到西乡军的包围，熊本城面临粮食短缺的问题，将士往往一天吃两次糙米饭、一次稀饭，文官往往一天吃一次糙米饭、两次稀饭。另一方面，由于抵达九州岛的政府军不断增多，西乡军在包围熊本城的同时，还遭到新赶来的政府军的攻击。也就是说，只要熊本城能坚持住，就能为政府军争取更多的时间。最终，西乡军一步步走向劣势。

4月15日，政府方面的第二军（背面军）从八代海登陆，顺利进入熊本城。在这个时间点，政府军已经锁定西南战争的胜局。其后直到9月24日城山陷落，尽管还战斗了5个多月，但是严格意义上来讲，这5个多月的战斗不能算是"内战"，而是由政府军开展的"扫荡作战"。9月24日，幕末、维新时期的英雄西乡隆盛与桐野利秋、村田新八、别府晋介、边见十郎太等戊辰战争以来的160名将士一起离开了人世。

西乡隆盛整个人生的最后4年，日本与东亚关系持续紧张，相继发生了"征韩论"之争、"台湾出兵"、江华岛事件。因为他的强硬外交姿态一贯为众人所熟知，后世的人们往往把西乡隆盛视为"亚洲主义者"，或尊敬，或厌恶。然而读完本书之后可以发现，西乡隆盛其实在很大程度上算是欧化主义者，他不仅理解"富国强兵"，而且深知立宪政治的必要性。

政治家往往喜欢把是非功过留待后人评说，然而很少有人像西乡隆盛那样，被后世的史学家误读。

2　木户孝允病逝后的木户派

西乡派因西乡隆盛的死亡而走向衰落，与此相反，1877 年 5 月 26 日木户孝允亡故后，木户派反而走向繁荣。明治四年（1871）末，与政界密切相关的萨摩商人五代友厚曾写下如下语句，该句话恰恰揭示了木户孝允死后木户派走向繁荣的一个重要原因。

> 大和尚（西乡隆盛）所持山林，树木当时不堪大用。大隈、木户之林则不同，山林中有良材相助，故可谓日渐繁盛。①

从木户孝允死后伊藤博文、井上馨、山县有朋等人的经历可以看出，五代友厚可谓一语中的。如果从政治史的角度来讲，对于木户派而言，政敌西乡隆盛的兵败身亡留下了不少政治利益，这些利益完全足以弥补木户派最高领袖去世所造成的损失。

如果我们从整体来回顾这段历史，就会发现明治维新以后木户派的盛衰一直与西乡派成反比。掌管大藏省大权的井上馨被迫辞职时，正好是岩仓使团考察欧美、西乡隆盛政权留守日本之时（1873 年 6 月）。至于 1874 年 5 月木户孝允辞去参议之职，则是为了反对政府内部与鹿儿岛西乡派联合出兵台湾。

另一方面，1875 年初，木户派为了"一扫芋"（即一扫萨摩）

---

① 財団法人日本経営史研究所編『五代友厚伝記資料』第一卷、162 頁。写于明治四年十一月十三日。

推动了"大阪会议"的召开，此时"台湾出兵"刚刚结束没多久。而当同年 9 月江华岛事件爆发时，木户派再度陷入孤立，他们担心鹿儿岛的西乡隆盛借机生事，不得不向政府内的萨摩派妥协。按照这个逻辑来推断，我们完全可以想象出 1877 年西乡隆盛的鲁莽叛乱给木户派带来了怎样的活力。

举例而言，远在柏林的驻德公使青木周藏听闻木户孝允亡故的消息后，给伊藤博文写了封信。信中掺杂了对西乡派趋于劣势的欣喜，以及对本派统帅木户孝允亡故的悲叹。两种感情在信中的比例非常微妙，颇为耐人寻味。首先，他设想了西乡军的败北，并以此为前提讨论了战后的处置问题。

> 据闻野蛮芋贼毫无悔悟投降之意，继续于日隅〔日南、大隅〕① 边陲抗战，……不言而喻，贼徒投降之日，决不听取所谓宽大等文字，弟所祈望者，宜早日彻底实现讨伐之功，自明治十一年起，三十五县之政治纯然归于一途。②

在本书引用的众多史料当中，虽然有不少史料都用"芋"代指西乡派，但是"野蛮芋贼"这种表述还是头一次出现。由此我们可以管窥木户派对西乡派的憎恶及轻蔑之情。在引文中青木周藏指出，西乡派投降后，政府绝对不要听取"宽大"处分等意见，应把鹿儿岛这个"独立王国"降格为普通的"县"，真正实现全日

---

① 日南位于九州岛宫崎县，大隅是指九州岛最南端的大隅半岛。——译者注
② 伊藤博文関係文書研究会編『伊藤博文関係文書』第一巻、43 頁。写于 6 月 29 日。

本的统一。

虽然青木周藏主张对西乡派采取彻底镇压的态度,但是对于民权派(民选议院派),他的态度却包含着两种含义。他把民权派定位为"文明开化狩猎之猎手"。"猎手"是指听从"狩猎师"的命令把猎物从草木中驱赶出来的"狩猎助手"。负责打死猎物的是"狩猎师",即长州一派。在他看来,过分压制民权派可能会影响"文明开化"的进程。

西乡派被称为"野蛮芋贼",民权派被类比为听命行事的"狩猎助手",从青木周藏的语句中可以发现,长州派(木户派)自视甚高,精英意识很强。可能读者一时间会觉得难以置信,在此举例如下。

> 高知近况如何?三千五百万人民中,或羡慕共和之政体,或单单主张民权者,除高知县以外尚有许多。然则此类人士相当于文明开化狩猎之猎手,若强行压制此等人员,狩猎师反而会令猎物逃脱。故,依愚弟所见,朝廷不宜对其过分压制。[①]

不过,青木周藏还在信中指出,高知的民权派隐藏着仅次于西乡隆盛等人的武装力量,因此应注意防备。他从报纸上得知,板垣退助等人的旧土佐藩藩兵,即当时的高知县士族"储备八千余枪支",建议镇压完鹿儿岛后,军队应在归来途中顺便把高知县的枪

---

① 伊藤博文関係文書研究会編『伊藤博文関係文書』第一卷、43 頁。

支全部没收。

在 1874 年以来的日本政治史中，板垣退助组织创办的立志社逐步演变为自由民权运动政治结社的核心。然而在此之前，从1868～1869 年的戊辰战争到 1871 年的废藩置县、再到 1873 年的"征韩论政变"，板垣退助等人的武装力量是仅次于萨摩、长州的"革命军"（本书第四章中的"第一官军"）。青木周藏提议，应解除鹿儿岛和高知的武器装备，并把其他地区的民权运动发展成"狩猎助手"。

西南战争中政府军形势一片大好，正当青木周藏兴致勃勃地绘制新时代的蓝图时，他收到了木户孝允的死讯。木户孝允称得上是长州倒幕派的最高统帅，而青木周藏则是长州倒幕派的一员。如下段落引自青木周藏的同一封书信，对此，我们又该如何理解？

> 弟听闻松菊〔木户孝允〕① 春日以来状况不佳，五月廿六日薨逝。无论为公为私，均遗憾不已。……如阁下所知，弟亦亡翁生前厚庇中之一人，一向承蒙眷顾，忽闻薨逝，不得灵前长别，抱憾之情，千千万万。依愚弟所见，亡翁远行，或将多少牵连全国政策，抑或者吾方优势尚在。以上种种，如今有赖阁下〔伊藤博文〕与世外兄〔井上馨〕斡旋处理。国事操劳，诸多事宜还需学习，遥祈诸事无恙，为国多加保重。②

---

① 木户孝允，号松菊，去世后也被称为"松菊木户孝允""木户松菊""松菊木户公"。——译者注
② 伊藤博文関係文書研究会編『伊藤博文関係文書』第一卷、44 頁。

　　青木周藏缅怀了木户孝允生前给予的关照，深切表达了哀悼之情。但是在信中，他并不认为木户孝允的去世会导致长州派势力衰落。虽然引文中只出现了伊藤博文和井上馨的名字，其实青木周藏还在信里祝福品川弥二郎、山县有朋、山田显义、三浦梧楼等长州派军人前程似锦。

　　如前文所述，明治四年（1871）萨摩商人五代友厚对于木户孝允的"山林中有良材"一事颇为眼热。当木户孝允去世之后，这些良材反而长势更好，在各个领域发光发热。换言之，西乡派因西乡隆盛的死亡而走向衰弱，木户派却没发生类似的情形。

　　青木周藏在信中列举了伊藤博文和井上馨这两个名字，认为这两人将挑起木户孝允留下的大梁。笔者已在前文指出，井上馨此时正在伦敦。大阪会议以来，井上馨坚持研究渐进的"立宪制过渡论"，即使身在伦敦也没放弃学习。西南战争爆发后不久，井上馨给病中的木户孝允写信，斥责道：

　　　　纵使身体抱恙，如今年龄尚且不满五十〔45岁〕，私以为兄台毕生之一大事务，若乃明确立法行政之区别，编制 constitution of monarchy〔立宪君主制〕，削减中央权，树立人民代表议政之风，则形成习惯，勿使人民、职业蒙受政府之害。①

　　前文中笔者已经指出，井上馨的信件虽然提供了丰富的史料，

---

　　①　伊藤博文関係文書研究会編『伊藤博文関係文書』第一卷、152頁。写于3月28日。

但是他的文章语法有时令人费解。简而言之，井上馨责备木户孝允，认为木户孝允还没到五十岁，就算生病了也不该放弃他自己定下的"毕生之一大事务"，即建立"明确立法行政之区别"的立宪君主制。

笔者在引用井上馨的信件时把 constitution of monarchy 翻译为"立宪君主制"，可是原文中与"立宪君主制"搭配的动词不是"树立"或"确立"，而是"编制"，这点有些奇怪。或许应该把它理解为"钦定宪法的编制"。如果是这样的话，那么如第五章所述，木户孝允自从明治五年（1872）一月抵达华盛顿后，五年间一直在努力完成"毕生之一大事务"。

信中还有一点值得注意，对于木户孝允"毕生之一大事务"，比起木户孝允本人，他的弟子①井上馨反而更加熟知。并且在这个时间点，西南战争刚刚爆发，井上馨断言道，制定宪法这件大事需要耗费数年，纵使再久也在所不惜。他向木户孝允表达了他的决心，内容如下：

　　　　小生三年留学期间终归无法实现，故此时恰可反复钻研，

----

① 作者在原文中用了"弟子"一词。不过木户孝允 1833 年出生，井上馨 1836 年出生，两人年龄相差不大，而且木户孝允和井上馨都曾在长州藩藩校明伦馆学习，没有入学吉田松阴主持的松下村塾。木户孝允在明伦馆学习期间，吉田松阴在明伦馆执教，故而木户孝允曾跟随吉田松阴学习兵学。井上馨则是因为和松下村塾的学生伊藤博文等人关系密切，常被误传为松下村塾的学生。也就是说，木户孝允和井上馨不存在师徒关系。作者应该只是想用"弟子"一词强调井上馨从木户孝允处获得思想理念上的指导。——译者注

且三年间土地人民必然不会消失，〔归国之后〕必将成为兄台之左右手，倘若不能达成毕生之目标，则死不瞑目。……①

既然身在伦敦的井上馨明确提出，他的目标是制定钦定宪法，明确区分行政和立法的权限，在此基础上"削减中央权，树立人民代表议政之风"，那么我们可以断定，井上馨在木户孝允去世以后继承了木户派的这一路线。

从这个角度来看，我们也就能够理解为何大约四年后井上馨会告诉福泽谕吉，政府打算召开国会。反而是大吃一惊的福泽谕吉显得并不了解木户派的内情。

然而，木户派，尤其是井上馨的基本政策并不仅仅是引入立宪制。如第三章所述，井上馨同时还主张实行稳健的财政政策（"健全财政论"）。1877 年 10 月 6 日，伊藤博文刚刚协助大久保利通镇压完西乡隆盛的叛乱，接着就从国内给井上馨写信，告知政府财政因镇压内乱而变得极为紧张。如本章第 3 节将介绍的那样，西南战争引发的财政困难直接影响到了大久保利通身故后大久保派的动向。就连本非经济史专家的笔者都能从这封信中了解到财政问题的大致情形，在此引用相关内容如下。

　　　只恨乱后处分之时，难事百出，苦思焦虑。会计账目已定，私以为兄必颇为担心，特此奉上，敬请一览。

　　　征讨费用刚达三千八百万日元，就已立即补充不足。如今

---

① 伊藤博文関係文書研究会編『伊藤博文関係文書』第一卷、152 頁。

尚需八百万日元方能成事。如此算来，总额已接近五千万日元。……费用之高，实乃巨额，甚为棘手。然则眼前唯有竭力克服。推察前途，颇为战战兢兢。①

一方面，大阪会议以来的政敌西乡隆盛在西南战争中兵败身亡；另一方面，日本财政濒临破产，急需重建。面对这样的情况，井上馨已无法继续在伦敦安心学习。西乡隆盛自尽后过了两个星期，井上馨给伊藤博文写信，要求政府下达让他立刻回国的指令。

另外需要注意的是，木户孝允死后，当井上馨决定同时担当起立宪制和健全财政这两条路线的大任时，他的"立宪制论"比起"大阪会议"前后以及1877年3月给木户孝允写信时，显得有些趋于保守。

虽然他在1877年3月写给木户孝允的信件中说要"削减中央权，树立人民代表议政之风"，但是到了翌年2月，他在写给山田显义的信中强调："既不采用非常之 republican〔共和主义〕，亦不实行强化人民之权、政府掌握少许权力、依从人民异议之政治。"当然，有可能井上馨只是因为收信人不同而采用了不同的表述方式，然而也有可能是因为他继承了木户孝允的地位，深感责任重大，故而变得更加慎重。

得知西乡军败北后，井上馨就催促身在国内的伊藤博文帮忙下达命其回国的指令。1878年5月14日大久保利通遇刺身亡，仅仅过了19天，井上馨就从伦敦出发，7月14日回到日本。一方面是

---

① 井上馨侯伝記編纂会『世外井上公伝』第二卷、756页。写于10月6日。

因为萨摩的黑田清隆与长州的伊藤博文联名发来电报，要求他"尽快还朝"；另一方面未尝不是因为井上馨自己急于回国。

3 西南战争后的富国派

如第六章所述，当 1876 年 3 月日朝关系危机得到缓解时，大久保利通内务卿重新找回自信，认为殖产兴业的时代即将到来。尽管西南战争这个明治时代以来最大的内乱再度打破了他的期待，但是当大久保利通成功镇压叛乱之后，他又一次宣告道，明治最初十年是"兵马纷扰"的时代，下一个十年将是"整内治、殖民产"，即殖产兴业的时代。①

殖产兴业政策由大久保利通内务卿、大隈重信大藏卿、黑田清隆开拓使长官（北海道）、伊藤博文工部卿联手实施。关于其经济效果如何，目前正在展开实证研究，相信未来有一天，该研究成果将被政治史领域所采用。②

不过需要指出的是，作为左右政治动向的短期经济要素，能够丰富国民生活的不是"自上而下的工业化"，而是以丰富国民生活为目标的通货膨胀政策。

"自上而下的工业化"确实能给予国民"希望"，这点已被 1878 年 5 月"起业公债"计划募集 1250 万日元的场景所充分证明。"起业公债"的票面金额为 100 日元，发行价格为 80 日元，年

① 御厨貴『明治国家形成と地方経営』東京大学出版会、1980、2 頁。
② 高村直助編『明治前期の日本経済』日本経済評論社、2004。

利率为6%，该公债最终获得了2477万日元的认购，几乎是计划
募集资金的两倍。

由于发行价格是票面金额的80%，所以政府计划到手的工业
化资金为1000万日元。内务省和工部省各自分得420万日元，（北
海道）开拓使分得150万日元。[①] 内务省主要把资金用于官营工
场、道路、港湾；工部省主要用于京都大阪间铁路、矿山；开拓使
主要用于北海道的煤矿等。内务卿是大久保利通，工部卿是伊藤博
文，开拓使长官是黑田清隆、掌管国家钱包的大藏卿是大隈重信。
如此看来，1878年可谓是大久保团队的时代。

然而如前文所述，1877年西南战争即将爆发之时，政府刚刚
把唯一的国税——地租削减了17%，这就相当于政府每年减少了
将近700万日元的财政收入。[②] 更甚者，根据上一节引用的伊藤博
文的信，西南战争耗费了将近5000万日元。按理说，若要支付军
费必须增税，而不是减税，可是当时偏偏就减税了。

从1878年初的财政状况来看，日本不可能有余力铺设铁路、
建设港湾和道路、开发北海道等。在财政赤字极其严重的情况下，
政府到底打算将来怎样偿还这1250万日元的公债？尽管如此，时
代自有其浪潮。"起业公债"的认购金额是计划金额的将近两倍，
该现象恰恰如实反映了这个时代的浪潮。而且，"富国"时代的到
来甚至影响到了陆军。1878年度陆军省提交的预算申请书是"二
战"前日本军部最没底气的一次预算申请。

---

① 还有10万日元分给了大藏省，用作"起业公债"发行费。——译者注
② 参见本书第六章第7节。——译者注

吾省千方百计节约厅中诸费，调查概算，十一年度预算约有九十万日元之不足，再无可节省之处。……按理说来，内务、工部等推动农工商业，抑或兴办电信铁道等事业，创立之初虽一时需要许多费用，然则数年之后，不仅有回收成本之途，且官民之间所得利益绝对不在少数。唯独陆军之费用则完全相反，如投掷水火中一般，纵使经过诸多年月，断无丝毫回本之理。故若单从计算上讨论，有人称其为所谓无用之长物，甚至有解散军队之议。[①]

当然，陆军省本身并不认为军费"如投掷水火中一般"，也没鼓吹"解散军队"。该省想要强调的是下面这段话。

既然不忘保护国家之责任，则以上议论断然不可施行。……邦内虽稍稍恢复宁静，考察东洋近日之形势，尚不似真正太平无事之时。[②]

尽管陆军省是在强调该省获得预算的重要性，但是从引文逻辑可以看出其中的不寻常之处。当内务省、工部省各自从"起业公债"中获得420万日元资金时，陆军省却为了增加区区90万日元的预算而奉承"内务、工部"两省。由此可知，1878年是一个对"强兵"极为不利，对"富国"相当有利的年份。

---

① 早稲田大学社会科学研究所編『大隈文書』第三巻、早稲田大学社会科学研究所、1958、336頁。

② 早稲田大学社会科学研究所編『大隈文書』第三巻、336頁。

另一方面，福泽谕吉也在言论界主张"富国"为主、"强兵"为从。他在同年9月印发的小册子中指出，"国权兴盛之源在于财"，相关内容如下。

> 第六章、富国之事。虽则主张国权，详论内外之情形，以及外国人之智德不足以令吾等恐惧〔第一章到第五章的梗概〕，然若国财之力匮乏，最终仍将趋于下流。……有财，方可制作武器，抑或购买武器；方可养兵，抑或雇兵。抑或者在当今卑劣之世界，所谓公议舆论亦非不可用钱购买。①

我们可以把福泽谕吉的这段话和大久保利通在1876年4月提交的《关于国本培养之建议书》做一下对比。大久保利通讨论的是国家的"实力"，②福泽谕吉讨论的则是"国权兴盛之源"。

西南战争的下一年，即1878年5月14日，"富国"路线的核心推进者大久保利通被金泽的六个征韩派士族刺杀。当时，大久保利通正乘坐马车前往四谷的临时御所③（如今为迎宾馆），刚过赤坂见附的弁庆桥，就在如今的New Otani酒店前面，大久保惨遭杀害。毫无疑问，作为维新元勋、富国派的领袖，大久保利通的死给

---

① 慶応義塾編『福沢諭吉全集』第四卷、岩波書店、1959、631頁。
② 参见本书第六章第4节。——译者注
③ 1868年，明治天皇入住江户城，改"江户城"为"东京城"，将其定为皇居。1873年，旧江户城发生火灾，明治天皇搬进东京的赤坂临时御所，也称赤坂临时皇居。——译者注

"富国"路线造成了打击。

其实富国派与立宪派一样人才济济。大久保利通身亡后，大隈重信大藏卿、黑田清隆开拓使长官以及大阪财界的五代友厚等人仍在继续推行以积极财政为方针的殖产兴业路线。

然而富国派在人才问题上仍有短板。肥前（佐贺）藩出身的大隈重信虽然是大久保利通的"右臂"，[1] 但是他没有大久保利通那么高的人望。大久保利通死后一周，五代友厚的手下森山茂给五代友厚写信，详细表达了对大隈重信的疑虑。

森山茂认为，如今政府"有才之人"很多，然而像大久保利通那样才德兼备的人却一个都没有。并且，大隈重信和即将回国的井上馨都是经济专家，都是欠缺"品德"的"有才之人"，日后必然"两雄相争"。

在此基础上，森山茂强调，大隈重信要想压制住井上馨，继承大久保利通的遗志，就必须一改奢华高调的作风。森山茂在信中描述了大隈重信的豪奢，相关内容令人难以置信，在此引用如下。

> 若依世人之评论，则大隈公之华奢，王后亲王亦难以匹敌。家屋之美，我邦之未曾有也。墙壁镶嵌珊瑚，坐垫连有锦绣，委实令人惊叹不已。[2]

森山茂提醒五代友厚，大隈重信生活如此豪奢，却没遭到世人

---

[1] 作者在第五章第 6 节指出，大久保利通的"左膀"是黑田清隆。——译者注
[2] 财团法人日本経営史研究所编『五代友厚伝記資料』第一卷、300 頁。

的非议，这是因为以前有大久保利通挡在前面。可是现在大久保利通已经遇刺身亡，大隈重信既然要继承大久保利通的政治使命，那么"天下之耳目必集中于大隈公，或曰华奢，或曰贪污，种种议论必将纷至沓来"。

森山茂只能间接通过五代友厚来劝告大隈重信，而《五代友厚传记资料》则保存了五代友厚对大隈重信的直言相劝。该信件的具体时间不详，从内容来看，应该写于1878年7月末到1879年8月之间。并且也不清楚这封信到底是否送交到了大隈重信的手上。

不管怎样，五代友厚虽然不在政府工作，却是大久保利通手下仅次于大隈重信和黑田清隆的人物。并且五代友厚的忠告不像森山茂一样只是停留在批评大隈重信奢侈作风的层面，里面还涉及对大隈重信政治态度的批评。从这点来看，这封信有利于我们了解大久保利通去世后富国派的内情，因此不容忽视。五代友厚首先简单总结了1877～1878年日本的大变化。

> 维新中兴既成，明治功臣初次立于朝廷之日，西乡、木户、大久保三人被称为当世之三杰。……天下公众视其为实权之大臣。迩来物换星移，西乡氏与私学校①携手，情死城山；木户氏为病害侵扰，撒手人寰；其后大久保氏也于纪尾井坂②化为腥血。政府遂至首领全失之地步。③

---

① "征韩论政变"后，西乡隆盛返回鹿儿岛，开办名为私学校的军校。西南战争时，私学校是西乡隆盛军队的主力。——译者注
② 纪尾井坂是东京都千代田区的一处斜坡。——译者注
③ 财团法人日本経営史研究所編『五代友厚伝記資料』第四巻、157页。

接着，五代友厚提出疑问：舆论普遍认为伊藤博文、井上馨、黑田清隆能够继承维新三杰的位置，按理说大隈重信的名字应该排到第一位，为何却被舆论忽略？

> 我辈暗中思量，……大隈大藏卿当时位列参议之上席，且非凡庸之人。实权理应按顺序归于大隈君之手。然而岂料伊藤君名声赫赫，飞禽亦仿若为之停留。君则不然，无声无臭，近乎学得大木〔乔任〕、寺岛〔宗则〕二君之风采。①

姑且不论佐贺出身的司法卿大木乔任到底如何，引文似乎在暗示寺岛宗则这个出身萨摩、熟知外国情况的人其实也相当凡庸。

笔者已在上文指出，这封信可能写于1878年7月末到1879年8月这段时间。不过考虑到大久保利通刚刚去世时，长州的伊藤博文内务卿和出身佐贺、背后有萨摩支持的大隈重信大藏卿之间暂时不可能拉开这么大的差距，所以笔者进一步推测这封信写于1879年。

问题在于五代友厚批评了大隈重信的专制作风。如后文所述，五代友厚是典型的"开发独裁"主义者，所以他不可能建议大隈重信成为民主政治家，他只是劝告大隈成为受民间欢迎的政治家。

在五代友厚看来，大隈重信自从功成名就以后就变得明哲保身，很少在政府内强调自己的主张。更糟糕的是，大隈重信对地位比他低的人颐指气使，这同样应该加以批评。用五代友厚自己的话

---

① 财团法人日本経営史研究所編『五代友厚伝記資料』第四卷、157頁。

来讲,那就是,"君欲上对政府屈从,下对人民傲慢乎?……以大臣为己任,视人民如犬马"。①

与大隈重信形成鲜明对比的是他的劲敌伊藤博文。五代友厚对伊藤博文的描述如下:

> 君若似伊藤君这般,上对政府,……积极承担责任,下对人民,广泛听取众意,纵使不能包容者,亦以包容之姿态示人,世人过其门,面无忌惮之色,则必兼得威权与人望,掌握庙堂实权之事,亦将再无疑问。②

对于立宪制的引入,以"自上而下的工业化"为目标的富国派认为它会影响到"富国"路线的发展,因此态度一向消极。但是富国派的领导人需要政界、官界、实业界、言论界乃至国民大众的"人望"。五代友厚非常担心大久保利通留下的空位没被大隈重信顺理成章地继承,而是转移到政敌伊藤博文的手上。

---

① 『五代友厚伝記資料』第四卷、158 頁。
② 『五代友厚伝記資料』第四卷、158 頁。

第八章

立宪派的后退

大隈重信（1838～1922）

早期参与佐贺藩的藩政改革，明治三年（1870）成为参议。他曾负责制定、推行明治政府的财政政策，因与萨长势力对立，1881 年遭到罢官。1898 年与板垣退助组建宪政党，成立日本第一个政党内阁。此外，大隈重信还是早稻田大学的创办者。

1 富国派的竞争对手回国

大久保利通遇刺身亡后刚刚过了两个月，1878 年 7 月 14 日，富国派自"大阪会议"以来的一大竞争对手——井上馨从英国回到了日本。井上馨还在回程的路上时，富国派的五代友厚就已表现得相当警惕。当时，大隈重信的秘书北畠治房住在大隈家旁边，于是五代友厚给北畠治房写信，拜托他把内容转达给大隈重信。

> 据闻清盛入道〔井上馨〕① 本月中旬即将还朝。在此之前，若不预先做好大致准备，彼必用尽防御之手段。余事姑且搁置，此事尤为重要，务必还请尽力。②

仅仅通过这段文字难以了解详细情形。笔者认为，五代友厚应该是在劝说当时还担任司法省判事的北畠治房，请他赶在井上馨回国之前，把对方过去的恶行宣传一番。

除此以外，天皇身边的侍补③也采取了相似的行动。侍补佐佐木高行在日记中写道，侍补一起向太政大臣和右大臣进言，反对把

---

① 平清盛（1118 ~ 1181）是平安时代末期的权臣，别名"清盛入道"。明治时期，人们把"清盛""清盛入道"作为对井上馨的蔑称。——译者注
② 『五代友厚伝記資料』第一卷、305 頁。写于 7 月 8 日。
③ 侍补是明治初期隶属于宫内省的官职，负责辅佐、指导明治天皇。——译者注

井上馨任命为工部卿。① 他的日记里还有一段史料比较重要，描述了富国派和立宪派一直以来的对立。

> 本月，井上馨被任命为参议兼工部卿。……岩〔仓〕公与高行等人谈话。关于井上之议，世人早有议论，内阁亦有种种评议。大久保在世时已有定论，遂乞请慎重决断，岂料起用之命仍下。……大久保在世时以井上之言论为虚言，吾等亦深有同感。大久保生前拒绝起用井上，语气颇为嫌忌。此乃高行亲眼所见，记忆犹新。②

对于佐佐木高行的记述，笔者深以为然。毕竟，大久保利通主张积极财政论，对立宪制的引入并不热衷，而井上馨主张实行稳健的财政政策（"健全财政论"），积极引入立宪制。所以大久保利通不可能喜欢井上馨。

笔者已在本书后半部分指出，虽然富国派与立宪派都是内治派，③ 但是对于立宪制的引入，富国派的态度比较消极。需要注意的是，笔者在前文中不敢断言富国派"反对"引入立宪制，因为没有史料明确证明这一点。然而，本节引用的五代友厚写给北畠治房的信却证实了这个问题，是一份非常珍贵的史

---

① 明治天皇当时想让佐佐木高行担任工部卿。——译者注
② 東京大学史料編纂所編『保古飛呂比　佐々木高行日記』第八卷、141～142頁。
③ 参见本书第六章第5节。当时作者使用的表述是"内治优先派"。——译者注

料。在写那封信之前，五代友厚还给北畠治房写了一封信，这封信与元老院起草的《日本国宪按》（6 月 20 日起草）① 有关。五代友厚根据森山茂的探查结果，围绕该宪法草案讲述了自己的看法。

> 据闻民权云云之论〔元老院草案〕，真无主张民权之仁，实为符合立权〔宪〕政体布告〔明治八年的诏书〕之宗旨。其中，传闻伊藤基本为人民张目，君主专政家则唯独大隈卿一人而已。本来我辈中人，均以为民权乃开化民所能讨论之事，如我国之野蛮情形，唯有以专政推进，引导开化进步，除此以外，别无他法。故而认同大隈卿之论。……此外，余获悉清盛〔井上馨〕愈发主张人民之论，即将还朝。做出改变，实乃当务之急。②

如引文所述，大久保利通亡故后，富国派的大隈重信和五代友厚旗帜鲜明地主张"开发独裁"，认为应该"以专政推进，引导开化进步"。另一方面，井上馨却是"人民之论"的急先锋，伊藤博文也"基本为人民张目"。联系前文可以发现，本书第五章探讨了木户派、井上派于 1875 年"大阪会议"前后主张的"立宪制论"，第六章分析了大久保派的"殖产兴业论"，两派曾在这一时期形成

---

① 如本书第五章所述，"大阪会议"之后，明治天皇颁布《渐次建立立宪政体之诏书》，下令开设元老院。《日本国宪按》就是元老院于 1878 年完成的宪法草案，又称《元老院国宪按》。——译者注
② 『五代友厚伝記資料』第一卷、305 頁。

对立的格局。1878 年 5 月大久保利通去世，7 月井上馨还朝，以此为契机，该对立格局被再度触发。

2 纸币暴跌 米价暴涨

富国派与立宪派的对立格局虽然被再度触发，然而两派在1878 年并没导致政府分裂。是因为行事谨慎的伊藤博文按住了性急的井上馨？还是因为井上馨从两次失败中汲取了教训？[1] 可能两者兼有。事实上，井上馨回国后暂时没有宣传自己的"立宪制论"，而是致力于和大隈重信的合作。

井上馨的低姿态令大隈重信很是吃惊。在他写给五代友厚的信中，可以看到他对井上馨的评论。

> 先前井〔井上馨〕还朝，世间频频关注。鄙人亦风闻井从彼地〔英国〕还朝之种种传言，乃至所收信件亦描述曰，井仿若英国人一般。故略微担心，若井以此势头还朝，对当时要职有所意见，则将奈何？……[2]

从这段文字可以看出，大隈重信听说井上馨的行为举止受到英国的强烈影响，对于井上馨的回国有所警惕。可是，井上馨回国后

---

① 第一次失败是指 1873 年井上馨被迫离开大藏省；第二次失败是指 1875 年"大阪会议"前后与民权派展开合作，然而仅仅一年就分崩离析。——译者注

② 『五代友厚伝記資料』第一卷、309 頁。

立即拜访了大隈重信。大隈重信在信中讲道，井上馨和传言大为不同。

> 井抵达后迅速来访。徐徐聊来，方觉比之从前，井之着眼点更为沉稳。对于以往得意施行之事，亦多少有悔悟之意。并告知曰，决不似当初那般在政务上掀起波涛，首先可以安心……①

这个时期，靠武力说话的西乡派已经覆灭，只要旧大久保派的大隈重信和旧木户派的井上馨合作，政治上就不会有什么争端。自1878年7月起，日本政坛约有一年时间相当平静。福泽谕吉后来回顾道：

> 明治十年西南战争后，重归太平，世人反而以无事为苦。余心血来潮，若于此时讨论国会论，则天下有应者乎？遂一时兴起，起草论说，……示草稿于报知新闻之主笔藤田茂吉、箕浦胜人，曰："若能将此论说作为报纸之社论刊载，则请刊出。……余甚好奇，世人之反应。"……二人大喜，持草稿而归，迅速将其刊载于报知新闻之社论一栏。②

1879年7月至8月，井上馨回国已有一年之久，当此之时，

---

① 『五代友厚伝記資料』第一巻、309 頁。
② 福沢諭吉『福翁自伝』岩波文庫、1959、286～287 頁。

《邮便报知新闻》以藤田茂吉和箕浦胜人的名义刊载了福泽谕吉的《国会论》。正如福泽谕吉所说，当时的日本相当宁静，已经到了"重归太平，世人反而以无事为苦"的地步。

然而，这只是表面上的宁静。事实上，为了填补西南战争的军费开支，日本政府印发了4200多万日元的法定货币。① 该行为导致纸币价值暴跌，大米这个主要农产品的价格暴涨。

当时日本的主要外汇是白银。按理说，只要别突然出现贸易顺差过大的现象，日本的白银储备就能基本保持稳定。然而事实上，当时的日本并非贸易顺差，而是不断出现贸易逆差，白银储备正在年年减少。在这样的情况下增发四千多万日元的纸币，纸币的价值必然暴跌，购买的外国机器及外国纤维制品等需要用更多的日本纸币来换取。

物价暴涨不仅表现在舶来品上，大米等农产品的价格也在暴涨。举例而言，1877年每石大米的价格为5圆34钱；1879年则涨到7圆96钱；1880年涨到10圆57钱，大约相当于1877年的两倍。

三年间米价涨到了过去的两倍。如果这件事发生在今天的日本，必然会导致国民生活质量降低，政府税收增多。可是在当时，日本的大半人口是农民，农民肯定不讨厌米价上涨。

与农民的情况相反，因为政府已经基本完成地租改正，地租已被固定为法定地价的2.5%，所以尽管米价上涨到过去的两倍，政府的税收还是和以前一样。并且，这个时代不仅没有法人税，也没

---

① "法定货币"是指不保证能与本位货币（金银等）兑换的纸币。——译者注

有所得税，因此地租就是国税。更糟糕的是，政府当初实施地租改正就是为了使地租不受物价变动的影响。

地租改正的优点在于，即使经济不景气、米价下跌，政府仍能征收到和过去一样多的税收。可是遇上通货膨胀，它就无能为力了。

可能大家会说，这个时代实行专制政治，既没有宪法，又没有议会，想增税应该就能轻易增税。然而，正是由于专制政府在制度上缺乏国民基础，所以为了维护社会稳定，减税容易增税难。不仅如此，当时的日本还有一个特殊因素导致政府难以增税。如前文所述，1877 年 1 月 4 日，明治天皇颁布诏书降低税率，下令把地租降低到法定地价的 2.5%。

如果当时有议会，在提交增税法案并获得纳税人（所有地租的纳税人）同意的情况下，纵使有天皇诏书，也可以把税率调高。毕竟，只要纳税人自己同意增税，天皇也没有理由继续坚持减税。

可是在 1879、1880 年，日本还没开设议会，若要把明治天皇发布的减税诏书推翻、改为增税，就只能请求明治天皇再发布一条增税的诏书。然而问题在于，明治天皇三年前刚刚减了税，如果在这个时间点把税率从 2.5% 调回到原来的数值，即 3%，那么明治天皇自己必然会成为国民怨恨的对象。这个致命伤是明治政府绝对不想看到的，于是从现实情况来看，政府实际上已被禁止增税。

总而言之，由于地租改正导致地租变成固定值，并且日本政府在西南战争爆发前把固定的地租进一步降低，所以政府很难采取有效措施来解决通货膨胀问题。

与此形成鲜明对比的是，农民突然变得富裕起来。考虑到

1877 年起地租实际减少了 17%，1880 年米价上涨到 1877 年价格的两倍，而且农民所需缴纳的税额是固定值，农民在这种情况下确实富了起来。

如前文所述，大久保利通亡故后，旧大久保派与旧木户派携手合作，日本政局"重归太平，世人反而以无事为苦"。然而在表面宁静的背后，其实潜藏着一股暗流。那就是，纸币暴跌导致政府陷入财政危机，米价暴涨导致农民有余力关心政治。

3　财政危机与旧大久保派的凋落

纸币贬值导致大藏省储备的金银向海外流失。1880 年纸币价值下跌到白银的 2/3，根据《黑田清隆财政意见》的记述，"现今大藏省金库所存金银及生金生银等，合计约八百万日元"，倘若不采取应对措施，再过一年，恐怕大藏省储备的金、银、生金、生银等都将全部用光。[1]

当时，金、银、生金、生银等被统称为"正货"。[2] 没有"正货"的话，纸币的价值会进一步降低，而当"正货"真的全部耗尽时，恐怕没有外国企业卖东西时愿意收日本的纸币。用今天的话来讲，1880 年日本国际收支极度恶化。如果继续这样下去，非但不能殖产兴业，日本经济也很有可能宣告破产。

可能读者会觉得这种说法有些危言耸听。然而需要注意的是，

---

[1]　「黒田清隆財政意見」、明治十三年八月三十日付。
[2]　日语的"正货"是指本位货币，通常指金本位制度中的金、银、生金、生银等。——译者注

在这一年，名义上的明治政府刚刚成立 13 年，实质上的中央政府则是从 9 年前的废藩置县后才真正运转起来。在过去的 9 年间，明治政府先是"出兵台湾"，然后针对江华岛事件展开炮舰外交，接着对农民实行大减税，最后在西南战争中用掉了四五千万日元的军费。

并且，这一连串事件全都集中发生在 1874 ~ 1877 年这 4 年。西南战争结束时，伊藤博文工部卿非常忧心日本的财政问题，他在信中写道："推察前途，颇为战战兢兢。"伊藤的"战战兢兢"终于在 3 年后演变成了现实。

无论找谁来解决这场危机，估计都会提三种对策。要么募集外债，要么增税，要么采取紧缩性财政政策。西南战争时为了筹措军费，政府增发了不少纸币，如果能够募集到和增发纸币等额的外债，那么增发的纸币就有了金银等硬通货的信用背书，日本的财政状况也能暂时恢复到西南战争以前。

然后，只要更加努力地推进殖产兴业、增加出口、致力于舶来品的国产化，经济就能复苏，甚至进一步发展起来。1880 年 5 月，大隈重信大藏卿提议募集与 5000 万日元等额的英镑外债，还款期限设定为 25 年，年利率为 7%。该提案就是基于这个原理。

黑田清隆、西乡从道、川村纯义等旧大久保派的参议都表示支持这项提案，伊藤博文、山县有朋、山田显义等旧木户派的参议虽然内心反对，[①] 但是由于担心反对会影响到两年以来的萨长协作，因此没有尝试从正面表示反对。按理说，旧木户派的财政专家井上

---

① 1879 年，井上馨转任外务卿，山田显义升任参议兼工部卿。——译者注

馨应该从正面反对该提案，然而或许是为了避免政府分裂，井上馨
没有站出来。

尽管没人从正面直截了当地反对，但是该提案也没有获得压倒
性的支持，于是决定权被转到明治天皇的手上。事实上，宫内省御
用挂佐佐木高行、宫内省少辅土方久元、侍讲元田永孚、侍讲副岛
种臣等人都向明治天皇提出了反对募集外债的意见。

面对募集外债这种重大提案，明治天皇不可能仅靠宫中近臣的
支持就自上而下地干涉政治、宣布决议。只不过当时情况比较特
殊，参议乃至参议下面的各省长官都没达成统一意见，反而是不改
变现状、消极的搁置方案比较受欢迎。因此，明治天皇和他身边的
近臣才获得了介入政事的余地。

尽管如此，当明治天皇于 1880 年 6 月 3 日下达敕谕明确反对
募集外债时，该事件就沾染上了天皇亲政的色彩。无论是在日本经
济史上，还是日本政治史上，该事件都非常耐人寻味。这篇交付给
三条实美、岩仓具视、有栖川宫的敕谕写道：

> 朕以为，明治初年以来国用繁多，遂生账目之困难，以致十
> 三年之今日，正货流出海外，纸币失其信用。遂一览大限参议之
> 建策，又闻内阁诸省意见之不统一。朕虽向来知晓账目之不易，
> 然亦知晓今日募集外债之不可行。……如今账目之困难迫在眉睫，
> 当此之时，应定前途之目的、勤俭之主意。卿等宜体察朕意，以
> 勤俭为本，定经济之方法，与内阁诸省详议之后上奏。①

---

① 宫内厅编『明治天皇纪』第五卷、74～75 頁。

明治天皇如此直截了当地指出"外债之不可行"，命令实行"勤俭之主意"。这就意味着1873年以来大久保利通及其部下共同推进的殖产兴业——"自上而下的工业化"无法继续开展下去。我们甚至可以这样断言，导致大久保路线受挫的原因，不是大久保利通的身故，而是这份天皇敕谕。

尽管到了这个地步，黑田清隆和五代友厚还是没有放弃"富国"路线，他们把目光投向了增税。如果农民正为缴纳重税而苦苦挣扎，政府不可能采取增税的策略来推进殖产兴业。毕竟，"富国"路线的价值在于通过富国来富裕国民的生活。

倘若一方面对国民征收重税，另一方面建设许多大规模的工厂，那么人们为明治维新抛头颅、洒热血的意义又在哪里？通过举借内债和外债来推进工业化，进而用工业化的成果来富裕国民的生活，这才是"富国"路线的目的所在。不过，1880年的日本情况比较特殊，减税和米价暴涨让农民迎来了自己的春天。在这种情况下，勾画一个通过增税来推动工业化的脚本并非不可行。黑田清隆和五代友厚正是从这点找到了最后的可能性。

前文已经指出，由于减税诏书3年前刚刚颁布，黑田清隆等人不可能从正面直接鼓吹增收地租。他们想到了另一个办法，那就是对1/4的地租以实物的形式进行征收，即在不提高税率的基础上取得增税的效果。

如前文所述，1880年的米价是1877年的两倍。因此，假如要求农民用大米缴纳1/4的地租，政府再把大米卖出，获得的纸币则为1/4地租的两倍，即1/2。再加上农民用纸币缴纳的3/4的地租，总共就能获得5/4的地租，这就相当于增加了25%的税收。

并且，即使直接把现行税率 2.5% 调回到原来的 3%，税收也只是增加 20%，所以对政府来说，把 1/4 的地租改用大米缴纳更为有利。况且这种隐性增税方案没有改变税率，也就没有从明面上违反 1877 年的天皇减税诏书。

该增税方案俗称"米纳论"。8 月 30 日，黑田清隆向明治天皇上奏"米纳论"，起草人是对财经颇为了解的五代友厚。在此之前，黑田清隆于 8 月 23 日致信五代友厚，讲道他从三条实美太政大臣处获知，明治天皇下达指令，要求他"尽快以书面形式提交米纳论之预估方法"。

黑田清隆在信中拜托五代友厚起草该方案，"若不依赖老兄调查方法，绝对难以完成"，而且言辞恳切地说，"一世一振之明法，供奉于圣上，衷心专为国家祈福"。①

于是，五代友厚应黑田清隆之约起草了"米纳论"，该文被《五代友厚传记资料》第四卷收录。② 文中介绍了把 1/4 的地租改用大米缴纳，从而实际增税 25% 的方法，详细原理可参见上文。此外，该文还有两点值得注意。

第一，五代友厚断言，地租改正把地租缴纳方式改革为用纸币缴纳固定的金额，这是"明治政府财政上之大失策"。③ 他批评道，该改革只是想着即使米价下跌仍能获取与以往同等数额的税收，却没想到米价暴涨时征收到的税收可能会贬值到从前的一半。

第二，从西南战争前后到当时大约有三年，"唯独农民获得非

---

① 『五代友厚伝記資料』第一卷、350 頁。
② 『五代友厚伝記資料』第四卷、159～169 頁。
③ 『五代友厚伝記資料』第四卷、159 頁。

常之幸福，其致富程度委实令人惊叹"。① 地租改正、西南战争前的减税、西南战争后的米价暴涨导致农民变富，这些富裕起来的农民使得幕末、维新时期的"武士革命"走向终结。关于这一点，笔者将在尾声详细论述。

那么，明治天皇对此作何答复？《明治天皇纪》第五卷收录了天皇于"是月"，即9月，下达的内部谕旨，该谕旨明确反对实行米纳。"前日以来阁议纷纷，各陈所见。有米纳之议，虽可谓挽救此时之策，然则若于今日实施，朕颇觉不稳。"②

黑田清隆等人冥思苦想的上奏就这样被明治天皇的内部谕旨驳回。该谕旨没有写明日期，不过根据井上馨传记记载，三大臣③与参议于9月17日召开阁议，对"米纳论"进行最终审议。④ 这样看来，明治天皇应该是在9月17日之后没多久下达的谕旨。对于举借外债和"米纳论"，明治天皇相继决定驳回，并再次提出他的对策——"经费上痛下决心，加以节俭"。

在国际收支恶化和财政危机的"双赤字"下，⑤ 黑田清隆、五代友厚等人为了继续贯彻大久保利通以来的"富国"路线，相继提出了两种方案，结果却被明治天皇或其近臣所拒绝。1877年9月，"强兵"路线因西乡隆盛的战死而受挫，到了1880年9月，大久保利通以来的"富国"路线因明治天皇否决"米纳论"而宣告败退。

---

① 『五代友厚伝記資料』第四卷、159 頁。
② 宮内庁編『明治天皇紀』第五卷、180 ~ 181 頁。
③ 三大臣即太政大臣、左大臣、右大臣。——译者注
④ 『世外井上公伝』第三卷、173 頁。
⑤ "双赤字"（double deficit、twin deficit），包括贸易赤字和财政赤字。——译者注

4　立宪派的保守化

上节提到了 1880 年 6 月，明治天皇驳回举借外债的提案。一直到这个时间点，富国派都对民间要求开设国会的呼声置之不理。富国派的核心人物黑田清隆在同年 2 月提交给太政大臣的建议中，反复强调大久保利通以来的"富国论"，要求设立农商务省，募集国债，专心推进殖产兴业，至于国会论等要等"富国"策取得成果后再行考虑。而在黑田清隆提交这份建议时，全日本的民权论主张者正准备参加一个月后即将举办的国会期成同盟大会。①

许多研究者认为，殖产兴业和立宪制过渡是不同维度的问题，并非一定要两者择其一。特别是如果像黑田清隆提议的那样，"募国债，制纸币，以充经费"，② 那么按理说，国会的存在应该不会太过影响殖产兴业政策。

然而事实上，黑田清隆明显给这两条路线定好了先后顺序，即等到"全国人民鼓舞喜悦，竞相从事产业"以后，"开设国会，为时未晚"。③ 既然黑田清隆选择的第一顺位因遭到天皇驳回而无法实施，那么第二顺位的国会开设问题也该无限期推迟。这回，一直主张"健全财政论"和"立宪制过渡论"的井上馨出场了。

---

① 1879 年 11 月，第三届爱国社大会在大阪召开，决定举办全国规模的请愿运动，要求各政治结社在下届大会之前征集上奏开设国会的签名。1880 年 3 月，第四届爱国社大会在大阪召开，会上结成"国会期成同盟"，决定向明治天皇请愿，要求开设国会。——译者注
② 板垣退助監修『自由党史』上卷、326 頁。
③ 板垣退助監修『自由党史』上卷、326 頁。

不过与 1875 年"大阪会议"前后相比，井上馨在 1880 年主张的"立宪制过渡论"变得保守了许多。在 1875 年，木户孝允把钦定宪法的制定放在第一顺位，板垣退助等人则主张先设立民选议院。当时的井上馨夹在两者之间，有些头疼于木户孝允的顽固。[①] 可是，1880 年的井上馨却变得和过去的木户孝允一样，认为政府应该先慢慢花时间制定宪法，然后在此基础上召开议会。这就是完全的钦定宪法主义。井上馨在 1880 年 7 月的建议书中论述道：

> 世间有识之士或曰，应先开国会，经由国会制定宪法，商议民法。余以为此言迂腐也。盖民法乃人生须臾不可或缺之物，其性质微妙，纵于众议喧嚣、乌合之议会讨论，亦绝难结出至美之果实。……更何况将区分王室、政府、人民权限之国家最大最重宪法付于议会之讨论乎？故，所谓民法也好，宪法也罢，若非经由命令得出，终归不可期待其完美。[②]

建议书之所以突然提及"民法"，或许是因为当时日本正在和欧美各国周旋，要求修改以前的不平等条约，而欧美各国则提出条件，要求日本制定近代民法及商法。不过，本书并不打算具体讨论条约修改以及民法等问题，所以主要把焦点集中到宪法上面。

井上馨的主张当中，有两点非常重要。第一，他明确主张，宪

---

① 参见本书第五章。
② 板垣退助监修『自由党史』上卷、334 頁。

法的必要之处在于"区分王室、政府、人民权限"。虽然木户孝允的"立宪制论"在 1873～1875 年讲过这一点,[①] 井上馨此时则以更加明确的形式进行了阐述。

第二,引文最后一句话需要注意——"所谓民法也好,宪法也罢,若非经由命令得出,终归不可期待其完美"。既然要区分"王室、政府、人民权限",那么"政府"就不适合下达"命令"了,适合下达"命令"的只有天皇。也就是说,井上馨提倡"钦定宪法",即以天皇的名义公布宪法,明确区分天皇、政府、议会的权限。

1874 年末的井上馨曾和民权派的小室信夫、古泽兹共乘一船,满腔热忱地讨论引入立宪政治。可是读到这里,我们对井上馨的印象突然变得模糊起来。

并且与 1874 年不同的是,1880 年 3 月,包括农民政治结社在内,全国共有 72 名结社代表联名向明治天皇请愿,请求开设国会。面对这一场景,井上馨却主张慢慢花时间起草宪法,然后以天皇的名义通知国民,并且等到规定议会权限的宪法公布之后,国民才能把他们的代表送到议会。与之前相比,1880 年的井上馨明显趋于保守。

此外,井上馨建议,在起草宪法(及民法)的过程中,暂时只设立"上院"。这点最能证明井上馨变得保守。相关内容如下:

第一,应废除元老院,另外设立他日足以对抗民选议院之

上议院。

第二，其议员从华、士两族〔旧公卿、旧大名、旧武士〕中选拔，以一百名为限。全员中应有部分为公选，若干为敕选〔天皇指定〕。此外，虽为平民、却学术出类拔萃者，以及于国家有大功勋者，可经由敕选担任议员。①

让我们把 1880 年的井上馨建议书和元治元年（1864）的胜海舟、西乡隆盛、吉井友实会谈做一下对比。② 元治元年，西乡隆盛从胜海舟那里了解到汇集全国藩主的"共和政治"，即藩主议会的构想，并表示赞同。吉井友实则从胜海舟那里听到"举天下人才开设公议会，有识之士亦可参会，以公论来定国是"的主张。

如本书第一章所述，1867 年的"萨土盟约"把西乡隆盛从胜海舟那里听到的"藩主议会"明确定义为"上院"，把吉井友实听到的主张定义为"下院"。为了让大家更为直观地对比"萨土盟约"和井上馨的建议书，笔者在这里再度引用相关内容如下：

一 议事院分上下。上至公卿，下至陪臣庶民，选举正义纯粹之人为议事官，且诸侯应根据各自之执掌充任上院。③

该"萨土盟约"规定，"公卿"和"诸侯"组成"上院"，"陪臣庶民"组成"下院"。而在井上馨的建议书中，"陪臣"和

---

① 板垣退助監修『自由党史』上卷、334 頁。
② 关于胜海舟、西乡隆盛、吉井友实会谈，可参见本书第一章。
③ 勝田孫弥『大久保利通伝』中卷、133 頁。写于庆应三年六月。

"庶民"中的一部分也可以进入"上院",以后再另行设立"下院"。虽然可以说这是一个进步,但是相比13年的时光,这个进步太过微小。唯一的进步之处就是设立"民选议院"这个"下院",可是居然要等到政府和上院慎重审议过的宪法公布以后才能开设。

确实,废藩置县导致大名失去封建领主权,变成"华族";征兵令和"秩禄处分"导致武士变成仅仅持有金禄公债的"士族"。然而,一旦谈及开设议会,就连明治政府内部最热衷于引入立宪政治的井上馨都想着把"平民"组成的"下院"暂时搁置,先设立由华族(旧大名)和士族(旧武士)组成的"上院"。

姑且不管庆应三年(1867)的"萨土盟约"和1875年"大阪会议"时的情况,在1880年的日本,不可能仅仅设立由华族、士族构成的上院就宣称实现了立宪制。1880年,富国派因明治天皇两次下旨倡导节俭而遭到致命的打击。同样是在1880年,立宪派也不再把自己的主张作为变革的象征来公然宣传。

尾 声

本书分析了从元治元年（1864）到明治十三年（1880）这 16 年间的幕末、明治史。对于这段历史，笔者的第一印象是，无论从好的层面来讲，还是从坏的层面来讲，明治维新都是一场"武士革命"。

"强兵""富国""立宪制""议会制"是这一时期的 4 个政策目标，而萨摩、长州、土佐等藩领导者各自有着各自的信仰。

西乡隆盛的团队希望使日本成为东亚的最强国；大久保利通的追随者希望由政府来发展日本的近代工业，建设铁路、港口、道路等基础设施；以木户孝允为中心的团队一方面想要建立健全的中央财政，另一方面为了阻止中央集权政府滥用权力，最为重视宪法的制定；而板垣退助率领的土佐政治家则希望通过议会，而非宪法来限制中央集权政府。

这四个团队的共通之处在于，他们在致力于实现各自路线的过程中，从未想过借助纳税人即农民的力量。

"强兵"路线的核心是让日本与中国这个东亚强国在战场上一决雌雄。需要注意的是，与 1930 年代不同，这一时期的日中战争构想只是打算让日本在战场上竭尽全力和中国决出胜负，然后缔结议和条约。强兵派还没想过占领中国的领土，也还没有占领中国领土的实力。

姑且不讨论这个问题，言归正传，强兵派只打算率领参加过戊辰战争的武士、士族军团和中国一战。该派实权人物桐野利秋"对征兵主义最为不满"。[1]

即使是貌似最接近农民的板垣退助等人，也没考虑过让农民成为"民选议院"中的成员。[2] 板垣退助等人主张的是所谓的"士族民权"，他们于1881年创建自由党，可不是为了实现召开国会以减轻农民租税这样一个"浅显"的目标。

关于这一点，可以参考1884年自由党大会召开前，千叶县代表与自由党总裁板垣退助之间的问答。1884年3月15日，日本政府废除了逐渐削减地租的公约，把地租固定化。恰好在3月13日，自由党大会于东京召开。千叶县代表与板垣退助的问答就发生在3月13日之前，该史料充分反映了板垣退助的"士族民权"思想，非常耐人寻味。相关内容如下：

关于本次修改地租条例，君塚省三（千叶县人）向板垣曰，政府委实不讲道理，愈发不能信任。吾辈今朝已打算携带减租请愿书，交付太政官，忽闻政府修改条例，大为吃惊。然则无论如何修改，绝非仅止于原状，必将彻底修改，吾辈应如何是好？

① 島内登志衞編『谷干城遺稿』上卷、238頁。
② 参见本书第五章。

对此，板垣退助的回答值得特别注意。

> 板垣曰，减租原本乃各地有志者专门尽力之事，自由党不
> 敢参与，故不可在此席位（自由党大会）谈论。[①]

1890 年，第一届帝国议会召开，政府和自由党围绕削减地租问题展开攻防。对于了解这一史实的人们来说，他们恐怕难以相信，六年前，即 1884 年，自由党总裁居然直截了当地拒绝讨论削减地租的问题，理由是不符合自由党大会的议题。

可是如果有人像笔者一样追溯到"幕末议会论"的演变，应该能充分理解板垣退助的立场。幕末政治家之所以提倡"藩主议会"（上院）和"藩士议会"（下院）的必要性，是因为这是一个可以抑制幕府及各藩藩主的专制、推动大家集思广益的制度，是一个可以使日本与欧美关系对等的制度。他们提倡"幕末议会论"，是为了动员全体武士阶级的意志，进而推动日本的近代化。至于帮农民减税这类"低维度"的问题，并不在他们的考虑范围之内。

关于这一点，木户派的"宪法制定论"同样如此。如果读者还记得第八章中介绍的井上馨建议书，应该就能立刻明白木户派的想法。木户派的目的是建立一个天皇、政府、议会权责分明的国家秩序，即使需要围绕这个目的展开"众议"，也要把"众议"的参与者限制在聚集了旧大名（华族）和旧武士（士族）的"上院"。

---

① 井出孫六他編『自由党民権機密探偵史料集』三一書房、1981、324 頁。

等到制度完备、"下院"的权限被严格限制之后，农民等才能把代表送到"下院"。事实上，1889年2月成立的明治宪法体制与该派的这一主张非常接近。

至于主张通过工业化来改善国民生活的富国派，从他们推进政策的方式来看，他们彻头彻尾主张武士、士族专制。如第八章所述，五代友厚作为该派核心领导人之一，认为："如我国之野蛮情形，唯有以专政推进，引导开化进步，除此以外，别无他法。"实在没办法解决财政问题时，为了确保殖产兴业的资金来源，他会毫不犹豫地提出给农民增税。

总而言之，无论是"强兵"，还是"富国"，无论是"立宪制"，还是"议会制"，这4个政策目标全部由武士（士族）的代表主导推进。人们常常把西乡隆盛称为"不平士族"（心怀不满的士族），把板垣退助的主张称为"士族民权"。按照这种讲法，我们可以把大久保利通称为"富国士族"，把木户孝允的主张称为"士族立宪"。

不过，笔者的意思并不是说，因为明治维新是"武士革命"，所以有其局限性。事实上，是他们迅速懂得欧美"富强"的原因，甚至在幕末时期就明白了立宪制的必要性；是他们推翻了幕府，废除了藩制，消除了武士特权，制定了国民皆兵、国民皆教育的制度；是他们移植了近代工业，建立了立宪制的基础。"武士革命"确实是一场伟大的近代化革命。

他们在幕末时期是志同道合的"同志"。1868年推翻幕府，1871年废除藩制，这些行为都是出于他们自己的意志。直到这个时候，他们的目标还很统一，坚定地信赖着彼此。

　　如果西乡隆盛、大久保利通、木户孝允、板垣退助等人不曾是"武士革命"的"同志"，那么在走下一步棋时，他们彼此间必然会非常慎重。如果德川庆喜的敌对势力尚在，那么西乡隆盛不会因为在1873年10月的"征韩论政变"中落败而率兵返回鹿儿岛。事实上，在1874年"出兵台湾"时，西乡隆盛和大久保利通未曾因东亚政策而彼此对立、互不相让。有些人在面对敌人时会耐心、理智地采取行动，可是面对"同志"时，却往往任由愤怒影响自己的行为。

　　同样，1874年1月《民选议院设立建白书》的出现也和这个因素有关。倘若板垣退助等人真心考虑让纳税人享有参政权，该建白书就和1867年的"萨土盟约"存在着本质上的差异。毕竟当时的纳税人只有农民，而"萨土盟约"主张的两院制却只打算让武士享有参政权。

　　笔者已在前文指出，板垣退助等人所谓的"民选议会"其实是"士族议会"，其本质与"幕末议会论"相同，只不过为了凸显自己的博学，才采用了"民选议院"这个称呼。面对维新革命的同志，他们表现得有些傲娇。

　　当笔者把明治七年1月的《民选议院设立建白书》和庆应三年六月的"萨土盟约"联系在一起时，大家可能会觉得有些突然。然而如果用西历来标注年代，那么前者发生于1874年，后者发生于1867年，中间仅仅隔着不到7年的时光，也就比小泉纯一郎执掌内阁的时间长一点。1873年10月的西乡隆盛没想到自己会在"征韩论政变"之后离开权力的宝座，翌年1月的板垣退助也没想到自己会在提交了《民选议院设立建白书》之后远离权力的中心。

然而历史太过残酷，他们被迫成为在野势力。

不仅是西乡隆盛和板垣退助运气不佳，把制定宪法放在第一顺位的木户孝允同样欠缺运气。木户孝允没有具体考虑开设议会的日程表，与此相反，板垣派虽然把农民参加议会的问题放到遥远的未来考量，却迫切期盼着能尽早召开士族议会，而且他们把士族议会定位为"下院"（"民选议院"），而非"上院"。尽管木户派与板垣派的立宪制构想相去甚远，他们还是较易展开合作。其后，木户孝允和板垣退助相继返回政府，进而推动明治天皇在 1875 年 4 月颁布了《渐次建立立宪政体之诏书》。

既然选了合作，就该竭尽全力维持合作。然而板垣退助却又一次选择靠近维新革命的"同志"西乡隆盛，木户孝允则选择相信大久保利通。最终，这个让板垣退助与西乡隆盛断开联系、让木户孝允与大久保利通背道而驰的"大阪会议"体制仅仅存活了半年时间。

"大阪会议"体制的瓦解并不仅仅给板垣派打下了在野势力的烙印，木户派的"宪法制定论"也几乎被明治政府淡忘。这种状态一直持续到1878 年大久保利通身亡、同年 7 月井上馨从伦敦回到日本。在大久保派五代友厚的信件（1878 年 7 月）当中，有一句话充分反映了这一现实。①

　　民权云云之论，真无主张民权之仁，实为符合立权〔宪〕政体布告之宗旨。

---

① 本书第八章第 1 节引用了该信件的一整段话。

引文中的"立宪政体布告"是指本书第五章所探讨的《渐次建立立宪政体之诏书》（1875年4月14日）。该诏书才是木户孝允和板垣退助在"大阪会议"上联手取得的最大成果。可是对于1878年7月的明治政府而言，诏书本身虽然出于好意，却给政府带来了不小的麻烦。

以上三股势力相继远离权力的中心，有的演变为在野党，有的成为体制内的在野势力。于是，自1876年起，明治政府开始实施所谓的大久保独裁体制。然而，该体制之所以给人以"独裁"的印象，不过是因为大久保派在政府中陷入了孤立的状态。1876年之后，大久保派要想在权力中心继续存活下去，唯有取得"殖产兴业"的成功。

1875年江华岛事件发生之前，深受大久保利通信赖的松方正义发出警告，指出一旦再像"台湾出兵"那样征战，国库里的金银将全部流失，只剩下纸币。江华岛事件最终没有引发战争，但是日本派出了5艘军舰，对朝鲜开展了炮舰外交。1876年4月，大久保利通宣布从此全力发展"殖产兴业"时，日本的纸币已经开始缺乏金银等硬通货的信用背书。在把近代工业移植到日本的过程中，国际收支已恶化到需要募集外债的地步。如第八章所述，1877年前后，接二连三的事件导致事态进一步恶化。比如1876年末发生的反对地租改正的暴动，又比如1877年爆发的长达半年的西南战争。前者导致政府每年减少了将近700万日元的地租收入，后者导致政府短时间内花掉了四五千万日元的军费。尽管1878年5月发行的"起业公债"募集了1000万日元（实际金额），但这无异于杯水车薪。

　　1880 年 6 月，明治天皇驳回了募集 5000 万日元外债的提案，富国派的政治路线已经走到穷途末路。黑田清隆和大隈重信作为"富国"路线的两位核心人物，也在同年 9 月的"米纳论"问题上陷入了不可调和的对立。

　　简而言之，从 1864 年的胜海舟、西乡隆盛会谈到 1871 年的废藩置县，"革命派武士"一直团结在一起。然而 1873 年的"征韩论政变"后，分裂出 4 条政治路线，不知不觉间，各个派别之间的对立日益加深，"革命派武士"按照议会派→立宪派→强兵派→富国派的顺序依次失势。1880 年 9 月，明治天皇驳回"米纳论"，明治维新这场"武士革命"宣告结束。

　　当然，明治国家在这之后依然存在，明治政府仍然由萨长两大势力掌控。沦为在野势力的议会派组建了在野党——自由党，其政治势力反而有所扩张。可是，史称"萨长藩阀政府"的明治政府不再由"革命派武士"掌控，而是由理性主义色彩浓厚的"文武官僚"来运营。

　　尽管"革命派武士"与"文武官僚"都是由同样的人物、同样的阶级（士族）构成，两者之间却存在着非常明显的差异。比如，再也没有人叫嚣着尽快发动一场没有胜算的日中战争，十几年励精图治、大力扩充陆海军之后，日本才断然发动了甲午中日战争。又比如，再也没有人倾尽所有财力，断然实行殖产兴业，他们先把国际收支和国家财政的重建放到第一顺位，然后从 1881 年到 1887 年，耗时 6 年推进财政经济的结构性改革。

　　同样，政府内部再也没有人恨不得第二天就制定出宪法、召开成议会。1881 年 10 月，明治天皇颁布诏书，宣布将在 9 年后开设议会，并在议会召开之前把宪法制定出来。"9 年后"是一个相当漫长的约定，即使是现在的政府约定将于 9 年后制定新宪法，该约定应该也不会成为政党公约或政治运动的口号。

世事变迁，沧海桑田，变革者的时代终于演变成实务家的时代。就连"议会制"倡导者的主体，也从 1880 年 3 月的第一届国会期成同盟大会起发生了巨大的变化。运动的领导权从"革命派武士"手里逐渐转交给农村地主。

从民主化的角度来讲，"士族民权"转变为"农民民权"明显是一大进步。可是这和明治政府中实务家占优势的情况相似，同样意味着革命性的减弱。政治运动的动机明显变得更加现实，从抽象地改造国家转变为切实实现减税。从 1890 年议会召开到 1894 年甲午中日战争爆发，4 年间藩阀政府和议会围绕是否应该削减地租的问题发生了激烈的对立。然而，无论减税与否，其结果都不会影响到国家的基本性格。

"富国""强兵""立宪制""议会制"这四大目标未能在各个"革命"领导人手上顺利实现。其后，重视实务的官僚和重视实际利益的政党稳扎稳打，终于实现了这四大目标。对于本书的主人公而言，明治维新是一场"未完的革命"，可是如果不看主人公、单看成果，那么西乡隆盛、大久保利通、木户孝允、板垣退助的梦想都在 1894 年甲午中日战争爆发之前全部得以实现。

甲午中日战争爆发的前一年（1893）年末，日本外相陆奥宗光在第五届帝国议会上发表演说。如果西乡隆盛、大久保利通、木户孝允在天有灵，^① 就能从这场演说中获悉他们的主张已经全部得以实现。陆奥宗光如下阐述道：

> 诸位，让我们试着对比一下明治初年的日本帝国和现在的日本帝国。……首先，从经济的角度来讲，明治初年的内外交易额有 3000 万日元的赤字，可是到了明治二十五年（1892），则有大约 1 亿 6000 万日元的盈余。并且，陆地铺设了将近 3000 英里的铁路，架设了将近 1 万英里的电线，内外海域航行着数百艘西洋制式的商船。^②

大久保利通用心血灌溉的"富国"政策终于绽放出美丽的花朵。如果在天有灵，听到这里，想必他会拍手叫好。接着，陆奥宗光开始阐述"强兵"政策的目标达成度。

> 从军备的角度来看，我们拥有 15 万名常备兵，在将士训练和器械精锐方面几乎可以与欧洲强国的军队匹敌。海军也有将近 40 艘军舰，将来只要国家经费允许，我认为军舰数量还会继续增多。^③

如果西乡隆盛在世，听到这里，他可能会感慨万千，回想起他

---

① 板垣退助当时还在政坛上活跃，并且支持陆奥宗光的立场。

② 内閣官報局『帝国議会衆議院議事速録』第七巻、第五議会、東京大学出版会、1979、252 頁。

③ 内閣官報局『帝国議会衆議院議事速録』第七巻、第五議会、252 頁。

在幕末时期从佐久间象山和胜海舟那里间接和直接学习到的以
"对等开国"为目标的"强兵论"。最后，轮到木户孝允热泪盈眶
了。陆奥宗光如下讲道：

> 如果再加上人文自由的扩张、制度文化的改良、学术工艺
> 的进步等，实在是不胜枚举。其中有一个特例值得特别指出，
> 那就是立宪政体的建立。试问今日之亚洲还有哪个国家能像本
> 大臣与诸位这样讨论国家的重要政务？①

可是，大久保利通真的会拍手叫好？西乡隆盛真的会感慨万
千？木户孝允真的会热泪盈眶吗？明治七年的西乡隆盛摩拳擦掌地
要和中国一战；明治八年的木户孝允千方百计推动天皇颁布诏书，
宣布制定宪法；明治九年的大久保利通豪情万丈地断言，除殖产兴
业以外别无救国良策。那种一往无前的姿态与陆奥宗光的沾沾自喜
之间存在着明显的差异。

为了让读者理解这种差异，在此试举一例。1945年8月，日
本战败，陆海空三军全部被取缔时，日本人高呼着"和平与民主
主义"。可是，与1931年九一八事变、1937年日中战争、②1941年
太平洋战争爆发时高呼着"和平与民主主义"的日本人相比，同
样存在着明显的差异。

笔者不相信两者之间没有差异。为了推翻德川幕藩体制，幕

---

① 内閣官報局『帝国議会衆議院議事速記録』第七巻、第五議会、252頁。
② "抗日战争"的日文汉字表述是"日中战争"。——译者注

末、维新时期的思想家与政治家殚精竭虑，对他们而言，"富国""强兵""武士议会"这几个目标的分量是如此之重。而在 1893 年末的议会上，陆奥宗光却只是轻飘飘地指出，这些目标全都已经实现了。无论是"富国强兵""公议舆论"，还是"和平与民主主义"，这些口号的意义与分量在各个时代各有不同。从这种意义上讲，对于西乡隆盛、木户孝允、大久保利通、板垣退助来说，"明治维新"永远"未完"。

参考文献

史　　料

板垣退助監修『自由党史』上巻、岩波文庫、1957。

市来四郎「丁丑擾乱記」鹿兒島県維新史料編纂所編『鹿兒島県史料・西南戦争』第一巻、鹿兒島県、1977。

井出孫六他編『自由民権機密探偵史料集』三一書房、1981。

伊藤博文関係文書研究会編『伊藤博文関係文書』第一、第三巻、塙書房、1973、1975。

色川大吉監修、牧原憲夫編『明治建白書集成』第三巻、筑摩書房、1986。

江村栄一校注『憲法構想』（日本近代思想大系 9）岩波書店、1989。

大久保利謙他編『日本歴史大系』第四巻、山川出版社、1987。

大久保利謙他編『津田真道全集』上巻、みすず書房、2001。

大山梓編『山県有朋意見書』原書房、1966。

外務省編『日本外交文書』第八巻、日本外交文書頒布会、1956。

宮内庁編『明治天皇紀』第一、第二、第三、第五巻、吉川弘文館、1968、1969、1969、1971。

慶応義塾編『福沢諭吉全集』第四巻、岩波書店、1959。

黒龍会編『西南記伝』上巻の一、黒龍会本部、1908。

財団法人日本経営史研究所編『五代友厚伝記資料』第一、第四巻、東洋経済新報社、1971、1974。

佐久間象山『省諐録』岩波文庫、1944。

佐藤昌介、植手通有、山口宗之校注『渡邊崋山・高野長英・佐久間象山・横井小楠・橋本左内』（日本思想大系55）岩波書店、1971。

島内登志衛編『谷干城遺稿』上巻、靖献社、1912。

東京大学史料編纂所編『保古飛呂比　佐々木高行日記』第四、第五、第六、第八巻、東京大学出版会、1973、1974、1975、1976。

内閣官報局『帝国議会衆議院議事速記録』第七巻、東京大学出版会、1979。

日本史籍協会編『木戸孝允日記』第三巻、東京大学出版会、1967。

日本史籍協会編『大久保利通文書』第七、第八巻、東京大学出版会、1969。

日本史籍協会編『戊辰日記』東京大学出版会、1973。

福沢諭吉『福翁自伝』岩波文庫、1959。

明治文化研究会編『明治文化全集・政治篇』日本評論社、1928。

明治文化研究会編『明治文化全集・雑誌篇』日本評論社、1967。

吉田常吉、佐藤誠三郎校注『幕末政治論集』（日本思想大系56）岩波書店、1976。

立教大学日本史研究会編『大久保利通関係文書』第三、第五巻、吉川弘文館、1968、1971。

早稲田大学社会科学研究所編『大隈文書』第三巻、早稲田大学社会科学研究所、1958。

论　著

稲田正次『明治憲法成立史』有斐閣、1960。

井上馨侯伝記編纂会『世外井上公伝』内外書籍、1933、1934。

大島明子「御親兵の解隊と征韓論政変」犬塚孝明編『明治国家の政策と思想』吉川弘文館、2005。

勝田孫弥『大久保利通伝』上、中、下巻、同文館、1910、1910、1911。

佐々木克『幕末政治と薩摩藩』吉川弘文館、2004。

佐藤誠三郎『「死の跳躍」を超えて——西洋の衝撃と日本』都市出版、1992。

春畝公追頌会『伊藤博文伝』上、中巻、統正社、1940。

高村直助編『明治前期の日本経済』日本経済評論社、2004。

田原総一朗『日本の戦争』小学館、2000。

土屋喬雄、小野道雄編『明治初年農民騒擾録』南北書院、1931。

松下芳男『徴兵令制定史』内外書房、1943。

御厨貴『明治国家形成と地方経営』東京大学出版会、1980。

明治財政史編纂会編『明治財政史』第三巻、吉川弘文館、1971。

毛利敏彦『明治六年政変の研究』有斐閣、1978。

毛利敏彦『明治六年政変』中公新書、1979。

译后记

决定翻译《未完的明治维新》一书是在 2017 年 12 月。彼时我正忙于博士论文，已有一年多未曾翻译过书籍。可是当这个机会摆在我眼前时，我"作死"地主动请缨，选择在博士论文最后阶段完成这本书的翻译。

其中一个最重要的原因是，该书作者是坂野润治先生。坂野先生是日本近代史的著名学者，1998 年从东京大学退休，现为东大名誉教授。我在名古屋大学留学，虽然研究领域与日本近代史有所关联，却与坂野先生素不相识。虽未谋面，心向往之。2012 年我就阅读过坂野先生的著作《日本近代史》，直至今日，名古屋大学的书店里仍能找到该书。

坂野先生的《日本近代史》出版于 2012 年，介绍了从 1857 年到 1937 年的日本史；《未完的明治维新》则出版于 2007 年，聚焦 1864 年到 1880 年日本的历史巨变。两书的研究时段不同，也就决定了两书的写法有所差异。《日本近代史》因为时间跨度较长，所以每个历史事件的描述必然不会太过细致。虽则如此，却足以让读者了解近代日本的概况。与之相比，《未完的明治维新》因为时间跨度较短，所以更加生动，该书把政治家之间的博弈娓娓道来，让我们对明治维新的理解不再浮于表面，而是深入到政界的内部。不仅能从中了解到历史人物做了些什么，还能了解到他们的性格、志向、他们表面的主张以及内心真正的想法。

西乡隆盛、大久保利通、木户孝允等人在日本家喻户晓，曾被日本历史剧、历史小说等多次刻画。或许是因为日文版的主要读者是日本人，而且有些人物、事件在日本太过有名的缘故，该书在叙述部分事件时有所简略，即使我们增加了一些注释，可能仍会令中国读者感到些许疑惑。不过，耐下性子多看几页后，就会渐入佳境。至少从我个人的阅读体验来讲，读到第七章大久保利通遇刺身亡时不禁扼腕叹息，读到尾声时则有热血澎湃之感。在坂野先生的笔下，历史不再是冰冷的文字，而是由活生生的人创造的。

总体而言，《未完的明治维新》是一本由史学家严谨考证、又不失趣味的著作。虽然翻译期间诸事繁忙，我的翻译态度却绝对端正，整个翻译过程也是痛并快乐的。"痛"在于要用偏古体的中文翻译幕末、明治时期的日语引文；"快乐"在于学习到了许多有趣的内容。

最后，感谢责任编辑李期耀老师为本书出版做出的诸多努力，感谢复旦大学王广涛老师对译文提出宝贵的意见，感谢名古屋大学前野みち子老师、九州大学坂井华海同学为本书引文的翻译提供技术支持。若有误译之处，责任都在译者，还请读者给予指正。

宋晓煜

2018 年 8 月 10 日

图书在版编目（CIP）数据

未完的明治维新 /（日）坂野润治著；宋晓煜译
. --北京：社会科学文献出版社，2018.9（2019.5 重印）
　ISBN 978 - 7 - 5201 - 3252 - 7

　Ⅰ.①未…　Ⅱ.①坂…②宋…　Ⅲ.①明治维新（
1868）- 研究　Ⅳ.①K313.41

　中国版本图书馆 CIP 数据核字（2018）第 179193 号

未完的明治维新

著　　者 /〔日〕坂野润治
译　　者 / 宋晓煜

出 版 人 / 谢寿光
项目统筹 / 李期耀
责任编辑 / 李期耀

出　　版 / 社会科学文献出版社·历史学分社　（010）59367256
　　　　　　地址：北京市北三环中路甲 29 号院华龙大厦　邮编：100029
　　　　　　网址：www.ssap.com.cn
发　　行 / 市场营销中心（010）59367081　59367083
印　　装 / 三河市东方印刷有限公司

规　　格 / 开　本：880mm × 1230mm　1/32
　　　　　　印　张：6.75　字　数：152 千字
版　　次 / 2018 年 9 月第 1 版　2019 年 5 月第 3 次印刷
书　　号 / ISBN 978 - 7 - 5201 - 3252 - 7
著作权合同
登 记 号 / 图字 01 - 2018 - 2799 号
定　　价 / 55.00 元